A François Morin,
avec mes amitiés

IMPÉRATIF TECHNOLOGIQUE OU DÉCLIN ÉCONOMIQUE

Questions Contemporaines

Collection dirigée par J.P. Chagnollaud,
B. Péquignot et D. Rolland

Chômage, exclusion, globalisation... Jamais les « questions contemporaines » n'ont été aussi nombreuses et aussi complexes à appréhender. Le pari de la collection « Questions contemporaines » est d'offrir un espace de réflexion et de débat à tous ceux, chercheurs, militants ou praticiens, qui osent penser autrement, exprimer des idées neuves et ouvrir de nouvelles pistes à la réflexion collective.

Dernières parutions

Philippe POITOU, *Souffrances, le coût du travail humain*, 2005.
Dominique PELBOIS, *Pour un communisme libéral. Projet de démocratie économique*, 2005.
Louis LEGRAND, *Réflexions sur quelques problèmes de l'Education nationale, parmi tant d'autres*, 2005.
Noël JOUENNE, *La vie collective des habitants du Corbusier*, 2005.
Jean CANEPARO, *Lignes générales*, 2005.
Dr Jacques HUREIKI, *Humanités en souffrance à la Santé*, 2005.
Sylvain DUFEU, *Valeurs et constitutions européennes*, 2005
Gérard CHEVALIER, *Sociologie critique de la politique de la ville*, 2005.
François BÉNARD, *Nous retournerons à l'école quand elle ira mieux !*, 2005.
Gaspard-Hubert LONSI KOKO, *Un nouvel élan socialiste*, 2005
Marie-Carmen GARCIA, William GENIEYS, *L'invention du pays cathare*, 2005.
Daniel CUISINIER, *Energie et transport*, 2005.
Cyril LE TALLEC, *Les Sectes ufologiques 1950-1980*, 2005.
Henri GUNSBERG, *L'Ogre pédagogique. Les coupeurs de têtes de l'enseignement*, 2005.
Michel ADAM, *L'association image de la société*, 2005.
J.P. SAUZET, *La personne en fin de vie. Essai philosophique sur l'accompagnement et les soins palliatifs*, 2005;

Pierre Grou

IMPÉRATIF TECHNOLOGIQUE OU DÉCLIN ÉCONOMIQUE

Avant-propos de Jean-Claude Lehmann

L'Harmattan
5-7, rue de l'École-Polytechnique
75005 Paris
FRANCE

L'Harmattan Hongrie
Könyvesbolt
Kossuth L. u. 14-16
1053 Budapest

L'Harmattan Italia
Via Degli Artisti, 15
10124 Torino
ITALIE

Du même auteur :

Monnaie, Crise économique, PUG, Maspéro, 1977.

La structure financière du capitalisme multinational, Presses de la Fondation Nationale des Sciences Politiques, 1983.

Grappes technologiques, les nouvelles stratégies d'entreprises (en collab. avec le GEST), McGrawHill, 1986.

L'aventure économique, de l'Australopithèque aux multinationales, L'Harmattan, 1987 (2nde éd. 1995).

L'émergence des géants du Tiers Monde, Publisud, 1988.

Les multinationales socialistes, L'Harmattan, 1989.

L'espace des multinationales, La Documentation Française, 1990.

Unification de la pensée et mondialisation économique, L'Harmattan, 1995.

Les arbres de l'évolution (en collab. avec Laurent Nottale et Jean Chaline), Hachette, 2000.

http://www.librairieharmattan.com
harmattan1@wanadoo.fr

ISBN : 2-7475-8901-3
EAN : 9782747589017

Sommaire

AVANT-PROPOS

On comprendra en lisant le titre de cet ouvrage que dans le débat sur le risque de désindustrialisation et de perte de compétitivité française, l'auteur ne se situe pas dans le camp des optimistes.

Il considère que le péril est dans la demeure et il sonne le tocsin.

En effet, entre une Chine au rythme de croissance impressionnant, dotée d'élites nombreuses, bien formées et entreprenantes, et bénéficiant de coûts de main-d'œuvre très inférieurs au nôtre, et des Etats-Unis que leur dynamisme protège mieux que nous contre la croissance asiatique, la place de l'Europe pourrait bien être périlleuse. Dès aujourd'hui le centre des échanges de technologies, d'ingénieurs, de scientifiques, de moyens d'investissements, se situe sur le Pacifique, beaucoup plus que sur l'Atlantique.

Dans ce contexte, et si l'on veut conserver en Europe et en France des sources de création de richesses et d'emplois, seuls capables de nous permettre de conserver niveau de vie et équilibres sociaux, mieux vaut mettre en œuvre une dynamique entrepreneuriale et technologique accélérée.

C'est en effet en tentant d'avoir toujours un temps d'avance, ou à tout le moins, jamais un temps de retard, que l'on pourra conserver richesses et emplois. Les emplois nouveaux ne seront peut-être pas du même type que ceux qui existent actuellement, mais ils seront très liés à la création et à la croissance de jeunes entreprises et à la dynamique de nos champions industriels. En outre, les activités de services seront amenées à se développer, elles aussi portées par un souci permanent d'innovation.

Pour cela, responsables politiques, chercheurs, entrepreneurs, doivent travailler ensemble afin de mettre toutes les chances de notre côté.

Les lecteurs de ce livre y trouveront de nombreuses analyses, dans une perspective historique, et quelques pistes intéressantes de nature à nourrir leur réflexion sur ce thème.

Jean-Claude Lehmann
Directeur de la Recherche de Saint-Gobain
Président de l'Académie des Technologies

INTRODUCTION

IMPÉRATIF TECHNOLOGIQUE OU DÉCLIN ÉCONOMIQUE ? Question essentielle au début du XXIème siècle en Europe et dans un pays comme la France.

Pourquoi aborder le sujet de l'impératif technologique en début de XXIème siècle en France ? Parce qu'en Europe, et plus particulièrement en France, dans un contexte de mondialisation économique, on peut constater une préoccupante ignorance de cet impératif. Qu'entend-on par la prise en compte d'un "impératif technologique" : on veut dire par là que les lieux où le bien-être humain se développe le plus sont entièrement dépendants de l'état de la science et de ses applications technologiques à ce moment. Que si l'essor de nouvelles technologies y est inexistant, il n'y aura pas de création de nouvelles richesses. Que la compréhension de cet impératif est donc indispensable, et que si cette donnée est ignorée, les risques de déclin, de décadence économique, seront élevés.

Dans un pays comme la France, il ne s'agira pas d'un déclin caractérisé par un niveau de vie général en chute rapide, comme c'est le cas dans certains pays déjà pauvres, mais de décadence relative, principalement par rapport aux Etats-Unis d'Amérique ou à l'Asie industrialisée, voire à d'autres pays d'Europe.

Il est très regrettable qu'aucun grand débat national, particulièrement au moment d'élections, ne pose le problème de l'impératif technologique. Il a fallu qu'au printemps 2004 une réduction spectaculaire des crédits accordés à la recherche publique soit effectuée pour que son rôle dans le potentiel technologique d'une nation soit entrevu. Début 2005, la rédaction du rapport Beffa consacré à l'avenir industriel du pays et au besoin de grands programmes aurait pu être l'occasion d'un début de débat. Mais l'accueil de ce travail a été mitigé et l'évidence d'un impératif technologique ne s'est toujours pas imposée.

Celui-ci commande pourtant l'avenir de notre société. On répondra que la communauté mondiale a majoritairement choisi depuis un tournant situé dans les années 1980 d'adhérer à la pensée libérale et que celle-ci recommande le laisser-faire économique. Pourtant, les chances de prospérité future d'un pays ne dépendent pas du fonctionnement à court terme des marchés.

Les dirigeants japonais des années 1970 avaient déjà compris cette réalité. Ils s'étaient fixés vers 1970 des objectifs prioritaires dans les domaines des composants électroniques, de l'électronique grand public et de l'automobile. Ils sont parvenus à les atteindre, et dans les années 1970-1980, le Japon est devenu la seconde puissance économique mondiale.

L'autre pays qui a bien saisi cette nécessité est les Etats-Unis d'Amérique. Après 1980, des programmes fédéraux ont été développés, destinés à favoriser l'essor de technologies de pointe comme celles de l'information ou des biotechnologies, et c'est pendant les années 1990 que cette nation - les programmes gouvernementaux portant leurs fruits - s'est réaffirmée comme première puissance technologique mondiale.

Dans les deux cas, priorité a été donnée au développement technologique. Et il semblerait qu'en Europe, on ait oublié que c'est grâce à l'accent mis sur le développement des manufactures, conseillé par les auteurs "Mercantilistes", que la Grande-Bretagne et la France étaient devenues les deux premières puissances industrielles mondiales aux XVIIIème et XIXème siècle.

Ainsi, la suprématie technologique des Etats-Unis, un moment remise en question pendant les années 1980 par le Japon et par l'Europe, s'est réaffirmée pendant les années 1990. Il suffit de constater l'écrasante puissance militaire américaine au début du XXIème siècle, conséquence logique d'une domination technologique. Insister sur un "impératif technologique" veut dire qu'aujourd'hui il n'existe pas d'autre choix pour une société industrielle, que de maîtriser le plus grand nombre de technologies d'avenir. Pourquoi privilégier les nouvelles technologies ? On l'a dit, parce qu'elles sont les seules sources de richesse d'une société. Si un pays choisit prioritairement ce type de rapport à l'avenir, il se donne les moyens de régler tous les autres problèmes : chômage, insécurité, paiements des retraites, bon fonctionnement de services collectifs, système de santé, modes de transport, etc.

Les technologies d'avenir sont seules capables d'accroître la richesse d'une société de manière durable. On se souvient qu'Adam Smith se posait la même question en 1776, dans son ouvrage "Recherches sur la nature et les causes de la Richesse des Nations". Il répondait que l'impératif consistait à développer l'industrie, c'est-à-dire les technologies d'avenir de l'époque, alors que l'école française des Physiocrates attribuait encore à l'agriculture le rôle de principal créateur de richesse. L'Europe a accompli sa révolution industrielle, ce qui lui a permis de dominer économiquement le monde pendant deux siècles.

Au début du XXIème siècle, la contrainte est la même. Comme le monde économique s'est complexifié, l'industrie et les services utilisent beaucoup plus de recherche, donc de matière grise. Mais l'impératif demeure identique. En France, mise à part une période active d'impulsion du Ministère de l'Industrie au début des années 1980, un silence de plus en plus assourdissant s'est installé concernant l'avenir technologique du pays.

C'est pourquoi on rappellera dans cet ouvrage que le laisser-faire libéral est une idéologie du statu quo au service des positions dominantes.

Et comme nous allons le voir, un impératif technologique doit s'exprimer de manière encore plus pressante du fait de la mondialisation économique.

Nous diviserons notre propos en trois étapes.

D'abord nous soulignerons que l'essor technologique, présent dès l'origine de notre espèce, est le facteur déterminant de l'histoire humaine et qu'il permet d'expliquer l'émergence de la mondialisation économique.

Dans une seconde partie, nous vérifierons que l'impératif technologique est encore plus incontournable depuis la naissance de la mondialisation, car celle-ci accélère le rythme d'apparition des nouvelles technologies.

Enfin, dans un dernier temps, nous répondrons à la question des actions qui peuvent être accomplies pour mettre en œuvre de nos jours l'impératif technologique. On conclura que le choix entre ce type de contrainte et un déclin économique ne doit pas laisser de place à la moindre hésitation.

PREMIÈRE PARTIE : L'ESSOR TECHNOLOGIQUE, FACTEUR DÉTERMINANT DE L'HISTOIRE HUMAINE

Pour nous, les grandes caractéristiques de l'évolution économique sont dépendantes d'une donnée technologique. Mais tout d'abord, qu'est-ce que l'"évolution économique" ? On se souvient que Joseph Schumpeter, économiste né en 1883, mort en 1950, avait donné ce titre à un de ses principaux ouvrages[1]. Mentionnons que cet auteur a été un des rares économistes du XXème siècle à se placer dans une tradition qui remonte à Adam Smith, David Ricardo, ou Karl Marx, et qui consiste à mettre l'histoire économique en perspective pour en dégager de grandes caractéristiques.

Nous nous situerons donc dans cette filiation pour comprendre d'abord ce qui fait évoluer les sociétés. Nous répondrons que l'essor technologique est responsable des caractéristiques de leur évolution économique.

Puis, demeurant dans le même cadre explicatif, nous expliquerons pourquoi l'émergence de la mondialisation économique à la fin du XXème siècle, a eu pour origine une révolution technologique.

I-L'ÉVOLUTION ÉCONOMIQUE EST MODELÉE PAR L'ESSOR TECHNOLOGIQUE

Nous postulerons d'abord que la loi qui commande l'évolution économique est celle de la recherche de gains de productivité. De cette donnée, nous déduirons l'existence d'une contrainte technologique.

---

[1] Voir J. Schumpeter, *Théorie de l'Évolution Économique,* 1911.

Puis, nous vérifierons que les principales autres grandes caractéristiques de l'évolution économique sont également modelées par la donnée technologique.

1 - LA LOI QUI COMMANDE L'ÉVOLUTION ÉCONOMIQUE EST CELLE DE LA RECHERCHE DE GAINS DE PRODUCTIVITÉ, DE LAQUELLE DÉCOULE UNE CONTRAINTE TECHNOLOGIQUE

Lorsqu'on prend le temps d'examiner l'histoire humaine, on peut dégager une grande loi d'évolution économique. On a formulé ailleurs[2] l'hypothèse d'une loi d'évolution commune à toutes les sociétés depuis la Préhistoire, ayant pour moteur le progrès technique et se manifestant par une tendance séculaire à la recherche de gains de productivité. Cela signifie que depuis l'origine de l'humanité, les êtres humains ont cherché à améliorer leur mode de vie en produisant plus d'objets dans un même temps, ou ce qui revient au même, en produisant les mêmes objets en moins de temps. On peut ajouter qu'on touche ici à l'émergence de l'être humain. Lorsque le premier outil a été fabriqué, en os ou en pierre, vraisemblablement pour découper des carcasses d'animaux, on peut énoncer qu'on a assisté à la naissance de l'humanité. Il a fallu pour cela que la station debout soit devenue permanente, que le cerveau ait grossi et se soit complexifié, et que ces modifications aient permis l'action d'un couple cerveau-mains, producteur d'outils. Le réalisateur Stanley Kubrick est parvenu dans le film "2001 Odyssée de l'Espace", à résumer de manière fulgurante l'évolution des sociétés humaines jusqu'au XXIème siècle : dans un premier plan, on voit un groupe

---

[2] Voir P. Grou, *L'Aventure Économique,* L'Harmattan, sec. Ed. 1995, *Unification de la Pensée et Mondialisation économique,* L'Harmattan 1997 et en collab. avec L. Nottale et J. Chaline, *Les Arbres de L'Evolution,* Hachette, 2000.

de grands singes jeter en l'air un os qui symbolise le premier outil, et dans le plan suivant, cet objet est remplacé par un vaisseau spatial. Par un extraordinaire raccourci, on appréhende ainsi toute l'évolution humaine. Produire plus d'objets dans le même temps, ou les mêmes objets en moins de temps, a été la règle qui a permis d'économiser du temps de travail pour produire autre chose et accroître la domination de la nature. En même temps, les objets eux-mêmes ont évolué puisque des innovations en ont bouleversé l'apparence et la fonction. C'est ainsi qu'on est passé de l'os au vaisseau spatial. Depuis qu'elle existe, l'humanité n'a fait que poursuivre ce but, contribuant ainsi à une transformation de plus en plus impressionnante de la nature.

On peut se poser la question d'exceptions possibles à cette dynamique. Dans le passé, des sociétés ont-elles refusé cette voie ? Est-ce le cas actuellement ? Il est vrai que si l'on examine l'Histoire, à certains moments des civilisations ont stagné, même régressé. Mais en un lieu ou un autre, le mouvement de gains de productivité a toujours repris. Et d'une manière générale, si l'on se reporte à la Préhistoire, ainsi qu'à l'Histoire économique de l'Europe, de la Méditerranée, du Proche-Orient, de l'Asie, et des Amériques, on constate que le mouvement de recherche de gains de productivité n'a jamais cessé. Cette tendance est-elle définitive ? Un rejet du productivisme, des "sociétés de consommation" n'est-il pas une possibilité ? On se souvient que dans les années 1970, on avait assisté à des mouvements de retour à la nature. En France, des jeunes refusant la société de consommation, étaient partis vers l'Ardèche ou ailleurs. On sait aussi qu'il existe des endroits reculés de la planète, en Afrique par exemple, où de petites sociétés sont encore proches de la pratique de la chasse-cueillette.

Mais, on est amené à constater qu'il n'existe nulle part de coupure totale avec le mouvement général de recherche de gains de productivité. Les jeunes marginaux partisans du retour à la nature ne négligent pas de rejoindre l'hôpital le plus proche lorsque l'un d'entre eux est malade ou blessé. Et les habitants d'une société dite "primitive" africaine ou autre, sont désireux de se procurer de l'aspirine qui agit contre la fièvre, ou des chaussures qui protègent des serpents. On parvient ainsi à la conclusion que la tendance à la recherche de gains de productivité s'impose à l'ensemble des sociétés humaines, qu'elles le veuillent ou non.

Si l'on accepte la réalité d'une grande loi de ce type, pourquoi en découle-t-il une contrainte technologique ? Parce que pour produire plus de biens en un même temps, il faut innover. Donc inventer de nouvelles techniques, d'où un impératif technologique. Technologie signifie : étudier les techniques.

Dans la suite de notre propos on emploiera indistinctement les termes "nouvelles technologies", "technologies d'avenir", "essor technologique" pour exprimer une contrainte d'"impératif technologique" existant en tous lieux et en tous temps.

Les révolutions technologiques sont les moteurs de l'évolution économique, et une révolution technologique se produit lorsque plusieurs nouvelles technologies apparaissent en même temps. Pourquoi leur émergence se produit-elle au même moment ? Il ne s'agit pas d'un hasard et pour le comprendre, il faut aborder le thème des discontinuités dans l'évolution économique. Ceci nous amène à examiner les autres grandes caractéristiques de l'évolution économique.

Auparavant, il convient de noter l'énoncé de la grande loi qui définit les sociétés humaines. D'où, première définition :

LA LOI QUI COMMANDE L'ÉVOLUTION ÉCONOMIQUE EST CELLE DE LA RECHERCHE DE GAINS DE PRODUCTIVITÉ.

Retenons également la conséquence qui en découle. Seconde définition :

DE LA LOI DE RECHERCHE DE GAINS DE PRODUCTIVITÉ, DÉCOULE UN IMPÉRATIF TECHNOLOGIQUE.

2- LES AUTRES GRANDES CARACTÉRISTIQUES DE L'ÉVOLUTION ÉCONOMIQUE SONT MODELÉES PAR LA DONNÉE TECHNOLOGIQUE

On peut discerner quatre grandes caractéristiques, présentes très tôt dans l'évolution de l'humanité. D'abord, celle d'une discontinuité ou encore l'existence de ruptures, de crises économiques. Puis, celle des hiérarchies entre groupes humains, ou, encore, entre niveaux de vie. Une troisième fait référence à un mouvement d'accélération des rythmes économiques. Et enfin, la dernière est celle de l'accroissement de la taille des espaces économiques.
Un examen de ces grandes caractéristiques va nous permettre de préciser les modalités de recherche de gains de productivité.

A - LES DISCONTINUITÉS OU CRISES ÉCONOMIQUES

On a annoncé que les révolutions technologiques ne se produisaient pas au hasard. Envisageons donc dans un premier temps l'existence de "discontinuités". Ce thème est celui des crises économiques. Ont-elles existé dès l'apparition des premiers hommes ? Et tout d'abord qu'est-ce qu'une crise économique ?

Pour y voir plus clair, revenons à la loi de recherche de gains de productivité : par exemple, des hommes appartenant à une société, à un moment et en un lieu donnés, produisent des objets à l'aide d'un ensemble de techniques. Ils améliorent celles-ci au fil du temps, obtenant ainsi des gains de productivité. Mais il arrive un moment où, quoiqu'ils fassent, les techniques existantes ne peuvent plus être perfectionnées. On aboutit à une limite. Cette notion est importante car elle explique le phénomène de discontinuité dans l'évolution économique. C'est parce que des limites ont été atteintes, que l'ensemble des techniques utilisées jusqu'alors doit être abandonné au profit d'un nouvel ensemble. Un double mouvement de destruction et de création se manifeste alors, qui définit pour nous le moment de crise économique. On se souvient ici du concept de "destruction créatrice", présent chez Schumpeter. Et l'on comprend maintenant pourquoi, puisqu'un ensemble économique est défini par plusieurs techniques articulées entre elles, une révolution de cet ensemble modifiera en même temps toutes ces techniques liées entre elles. Ainsi, ce n'est pas par hasard que plusieurs technologies disparaissent en même temps, et qu'au même moment, d'autres technologies, également liées entre elles, apparaissent. Il s'agit d'une révolution technologique.

On s'est demandé si les crises avaient existé dès l'apparition des premiers hommes. Faisons donc l'hypothèse que lorsqu'une société ne peut plus obtenir de gains de productivité, il faut que de nouvelles techniques apparaissent et appelons cette contrainte le besoin d'innovation. On peut en déduire que dans la lointaine Préhistoire, l'innovation est apparue dès que les premiers hommes ont été amenés à transformer leur outillage. Ainsi, dès qu'une peuplade s'est dotée de formes d'outils plus efficaces qu'auparavant, ses membres ont été obligés de changer des habitudes qui existaient depuis des siècles. Les conséquences ont dû se traduire par des bouleversements durables de modes de vie. On peut avancer qu'il s'est agi des premières formes de crises économiques. Du fait de l'avantage acquis sur d'autres peuples, les rapports à ceux-ci ont été modifiés, peut-être par des guerres. L'épisode imaginé de la "Guerre du Feu", pourrait en être un bon exemple, et ce conflit s'il a eu lieu a dû s'étendre sur de nombreuses années. Examinons maintenant un évènement remarquable, propre à la fin de la Préhistoire, celui de la Révolution Néolithique. On peut également qualifier de crise économique cette période qui a vu la transformation majoritaire d'une humanité de chasseurs-cueilleurs en cultivateurs-éleveurs. Cette crise s'est étendue sur une durée d'une trentaine de siècles.

Prenons un grand raccourci jusqu'au XXème siècle et évoquons, munis de notre hypothèse de discontinuité, la crise économique des années 1970-1980. Faisons l'hypothèse qu'il s'est agi également d'une crise de limite de gains de productivité identique à toutes les précédentes. Précisons bien sûr, que lors de chaque crise, on observe des aspects spécifiques, et encore plus dans celle de la fin du XXème siècle, car c'est elle qui a engendré la révolution technologique responsable de la mondialisation. On peut ainsi vérifier, à l'aide d'une analyse identique, une permanence des discontinuités, - ou crises économiques - qui rythment de manière régulière l'histoire humaine. Il suffit de relire les livres d'histoire économique ou d'histoire tout court, pour que cette réalité apparaisse. On apprend par exemple qu'au XIXème et au début du XXème siècle, les discontinuités se percevaient assez nettement. Des "cycles" dits "Kondratieff" - du nom de l'économiste russe qui les a mis en relief - étaient composés de phases de prospérité de l'ordre de 25 à 30 ans, suivies de moments de bouleversements de durées pratiquement identiques. On constate par exemple une phase de prospérité s'étendant de 1848 à 1875, suivie d'une phase de crise, repérée de 1875 à 1898, puis une nouvelle période de prospérité de 1898 à 1920, suivie de la crise des années 1920-1945. On peut également remarquer, en étudiant l'histoire du Moyen Age européen, que ce qu'on appelle la grande crise des XIVème et XVème siècles avait précédé la grande expansion commerciale du XVIème siècle, mais avait suivi une période de renouveau européen, décelée du XIème au XIIIème siècle. Notons que les ouvrages d'histoire ne font pas allusion à une hypothèse de limites de gains de productivité, et pour beaucoup d'historiens, les explications sont toujours d'ordre événementiel. Ainsi, la crise des XIVème et XVème siècles en Europe aurait été due à la guerre de Cent ans, à des famines, à de grandes épidémies, ce qui pour nous, revient à prendre les conséquences pour la cause. Car c'est un grand changement économique qui s'est produit à ce moment, caractérisé par un accroissement des rendements agricoles et un développement de la production textile. Les groupes sociaux qui ont voulu s'approprier les terres nécessaires à ces activités se sont fait la guerre, et ceux qui en ont pâti des guerres sont morts de faim ou de maladie : il s'est agi de conséquences et non de causes.

De même, la plupart des livres d'histoire attribuent encore, au début du XXIème siècle la responsabilité de la crise des années 1930 à des événements comme le krach boursier de 1929, ou à une surproduction prolongée. Alors que cette crise qui s'étend de 1920 à 1945 résulte d'une transformation

profonde du monde industrialisé - symbolisée par exemple par le passage généralisé à la chaîne de montage humaine -.
Si l'on s'en tenait seulement à des exemples pris au XIVème, XVème, XIXème et XXème siècles, on pourrait risquer d'effectuer une généralisation rapide pour établir une caractéristique applicable à la totalité de l'histoire humaine. Mais chaque fois que l'on examine de manière approfondie une période de l'Histoire, on trouve la même caractéristique. Par exemple, un réexamen de l'histoire économique de l'Egypte Ancienne permet de découper la vingtaine de siècles de son existence indépendante en une succession de quelques phases qui illustrent la caractéristique de discontinuité économique. On remarque d'abord une prospérité de l'Ancien Empire, - celui qui a produit les Pyramides -, suivie par la crise du Moyen Empire, à laquelle a succédé l'apogée de la civilisation égyptienne, réalisée par le Nouvel Empire. La crise déclin suivante est celle des conquêtes grecque et romaine. Chez les historiens de la période, une fois encore, l'accent n'est pas mis sur le phénomène de limites de productivité. Mais on doit conclure que les désordres du Moyen Empire n'ont pas été le résultat d'invasions, fréquentes à ce moment mais qu'ils proviennent d'une profonde désorganisation-restructuration de tout le système de domestication du Nil. Ces changements ont fragilisé le pays en le transformant complètement car on a assisté au passage d'un ancien système d'irrigation rudimentaire à un nouvel ensemble de techniques plus performantes. Cette crise économique a permis la prospérité ultérieure du Nouvel Empire, celui des dynasties des Ramsès. Si l'on effectue d'autres études portant sur d'autres époques, les résultats sont identiques,

et l'on peut vérifier l'hypothèse de discontinuité sur la quasi-totalité de l'histoire humaine[3].

D'où une troisième définition :

"UNE "CRISE ÉCONOMIQUE" EST LE PROCESSUS DE DESTRUCTION D'UN ENSEMBLE ÉCONOMIQUE AYANT ATTEINT SES LIMITES DE GAINS DE PRODUCTIVITÉ, SACHANT QU'EN MÊME TEMPS SE DÉROULE UN PROCESSUS D'ÉMERGENCE D'UN NOUVEL ENSEMBLE ÉCONOMIQUE, APTE À APPORTER DE NOUVEAUX DE PRODUCTIVITÉ".

On constate ici que la contrainte technologique est en permanence présente. Car c'est une révolution technologique qui est chaque fois nécessaire pour dépasser les limites qui ont été atteintes.

B - LES HIÉRARCHIES ÉCONOMIQUES

On a mentionné un deuxième grand constat, celui de l'existence de "hiérarchies économiques". En effet, on remarque qu'à chaque moment de l'histoire humaine, il existe des hiérarchies entre empires, peuples, sociétés, classes sociales, groupes sociaux... Pour nous, il s'agit de hiérarchies correspondant à des niveaux de productivité. Fernand Braudel nous a beaucoup appris sur ce phénomène dans ses travaux sur l'histoire de l'Europe et du monde[4]. Et, un survol de l'histoire humaine nous renseigne sur les pôles dominants qui se sont, par exemple, succédés en Occident méditerranéen : l'Egypte, puis le Grèce, Rome,

---

[3] Voir *L'Aventure Économique,* o.c. Chap.1.

[4] Voir F. Braudel, *Civilisation matérielle, économie, et capitalisme,* 1980.

Byzance, les Arabes, les cités Italiennes, la Hollande, la Grande-Bretagne, les Etats-Unis d'Amérique...

Pourquoi assiste-t-on à l'installation de hiérarchies ? Parce que la meilleure combinaison technique, celle qui permet les meilleurs gains de productivité, ne se réalise qu'en des lieux particuliers : elle ne peut pas s'effectuer partout au même moment. Certains lieux sont en avance, et ce n'est pas dû au hasard, car l'avantage se situe là où sont inventées les meilleures technologies du moment. Par exemple, au début du XXIème siècle, les pôles économiques qui dominent le monde se trouvent dans les régions qui développent les technologies de pointe. Beaucoup se trouvent aux Etats-Unis d'Amérique, mais il en existe certains en Europe, d'autres en Asie, principalement au Japon. On vérifie ainsi à propos de la caractéristique "hiérarchique", à nouveau l'existence d'une contrainte technologique.

C - ACCÉLÉRATION DU MOUVEMENT ÉCONOMIQUE

La troisième caractéristique accompagnant la loi de recherche de gains de productivité est celle d'une "accélération du mouvement économique". Ce constat est évident lorsque l'on compare les phases de prospérité et celles de crise économique qui se succèdent au long de l'Histoire. Ces durées s'étendent sur des centaines, puis des dizaines de siècles pendant la Préhistoire, sur plusieurs siècles dans l'Antiquité, pour parvenir au rythme de l'ordre de vingt à trente ans repéré par Kondratieff. Il en résulte évidemment que le mouvement des révolutions technologiques s'accélère, donc que la contrainte technologique se fait de plus en plus pressante. On peut le comprendre en réalisant qu'au cours du temps, la division du travail s'accentue, permettant une plus grande efficacité, une plus grande rapidité dans l'obtention de gains de productivité. Et grâce au développement des connaissances, les hommes cherchent mieux et découvrent plus rapidement. La contrainte technologique devient donc plus pressante car les technologies évoluent plus rapidement. Mais la succession des hiérarchies rappelée plus haut doit bien faire prendre conscience qu'il n'existe aucun automatisme pour qu'un pays ou une région du monde demeure en tête de cette dynamique.

D - ÉLARGISSEMENT DES ESPACES ÉCONOMIQUES

La quatrième et dernière caractéristique est celle de l'accroissement de taille des espaces économiques. De l'espace de chasse de la horde préhistorique aux espaces de l'Empire britannique au XIXème siècle, ou de la puissance américaine au XXème siècle, la réalité d'un élargissement des espaces économiques s'impose. Pour en saisir les raisons, prenons l'exemple de la taille des entreprises industrielles depuis la révolution du même nom. On s'aperçoit que les XVIIIème et XIXème siècles, se sont illustrés par l'essor de petites unités de production, qui possédaient le niveau de technologie des premières machines, dans le textile d'abord, dans la métallurgie ensuite. Pour financer ces technologies, une certaine taille de capital était nécessaire, qui entraînait le besoin d'un espace de débouchés proportionnels. Mais, au cours du XXème siècle, le niveau de technologie s'est accru, la taille du capital des firmes également, ainsi que l'espace des débouchés nécessaires correspondants. Et pour expliquer l'apparition de la mondialisation économique, il suffit de poursuivre la même démarche : l'élévation du niveau de technologie a entraîné un nouvel élargissement des espaces économiques. On retrouve une nouvelle fois la contrainte technologique. Elle explique l'accroissement obligatoire de taille des débouchés.

A l'issue de cette première étape, rappelons les quatre grandes caractéristiques de l'évolution économique :

"LES QUATRE GRANDES CARACTÉRISTIQUES DE L'ÉVOLUTION ÉCONOMIQUE SONT LA DISCONTINUITÉ, LES HIÉRARCHIES, L'ACCÉLÉRATION, ET L'ÉLARGISSEMENT DES ESPACES ÉCONOMIQUES".

Au total, une bonne connaissance de la loi de recherche des gains de productivité et des grandes caractéristiques qui façonnent l'évolution économique, est indispensable pour saisir la toute puissance d'une contrainte technologique.

II - LA MONDIALISATION ÉCONOMIQUE DE FIN DE XXème SIÈCLE A POUR ORIGINE UNE RÉVOLUTION TECHNOLOGIQUE

Remarquons d'abord qu'il existe deux manières de présenter la mondialisation économique. Une première définition énonce que le processus correspond à un accroissement des échanges entre grandes régions du monde. L'origine du phénomène se situerait au moment des premiers grands courants commerciaux mondiaux, vers le XVIème siècle, et le mouvement se serait accentué aux XIXème et XXème siècles. Cette vision conduit à examiner une dynamique lente, car s'étendant sur plus de quatre siècles. Pourquoi alors, ne pas remonter à la

Préhistoire, au moment où la plus récente espèce humaine, Sapiens, la nôtre, est sortie d'Afrique et s'est répandue sur l'ensemble des continents ?

Cette première approche de la mondialisation économique est fréquemment proposée, mais n'est pas satisfaisante car trop générale : elle mélange croissance des courants économiques et processus récents de délocalisations productives, ce qui peut être source de confusions.

Une seconde définition, celle de l'interpénétration des processus productifs entre pays industrialisés, place la naissance de la mondialisation économique dans les trente dernières années du XXème siècle. C'est cette dernière analyse que nous retiendrons, car elle est beaucoup plus précise. Elle permet également de souligner que la mondialisation économique, interpénétration productive entre pays industrialisés, a pour cause une révolution technologique. Il s'agit de "La Révolution Technologique Mondialisante", sur laquelle nous allons revenir.

Auparavant, retenons la définition de la mondialisation économique qui vient d'être proposée. Quatrième définition :

"LA MONDIALISATION ÉCONOMIQUE RÉSULTE D'UNE INTERPÉNÉTRATION DES PROCESSUS PRODUCTIFS ENTRE PAYS INDUSTRIALISÉS, SITUATION EXCEPTIONNELLE AVANT LE DÉBUT DES ANNÉES 1970, ET DEVENUE LA RÈGLE APRÈS CE MOMENT".

La mondialisation économique est un "moment remarquable de l'évolution économique". Elle correspond au fait qu'à partir de ce moment, les entreprises industrielles et bancaires des pays industrialisés se sont installées d'une manière majoritaire les unes chez les autres, pour y produire des biens ou des services.

Cette définition s'oppose à celle qui privilégie l'accroissement des échanges entre nations. Il ne s'agit pas de nier que la croissance du commerce international s'est poursuivie depuis le XVIème siècle, qu'on a assisté à une forte poussée à la fin du XIXème, et que le mouvement s'est poursuivi courant XXème. Mais la grande nouveauté de la fin du XXème siècle est que le phénomène a concerné la production et que des acteurs se sont délocalisés : les firmes, accompagnées des banques, sont devenues des "Multinationales", et dès lors, ces firmes et banques ont contribué à former un nouvel espace composé majoritairement par les pays industrialisés. Cet espace, - espace mondial en formation - a commencé à s'homogénéiser. Pourquoi le moment de la mondialisation est-il "remarquable" ? Parce qu'il s'agit de la troisième grande révolution de l'histoire humaine, après la Révolution Néolithique - celle qui avait inventé l'agriculture et l'élevage - et la Révolution Industrielle, qui avait permis l'essor des objets industriels. Evénement remarquable car lié à la plus importante des révolutions technologiques de l'histoire économique. En effet, cette dernière transformation a abaissé les frontières de l'Etat-Nation, a commencé à unifier la planète, et semble apparaître comme un premier grand aboutissement de l'histoire humaine. Il ne s'agit pas d'une "Fin de l'histoire économique", car la recherche des gains de productivité n'est pas près de cesser, mais on va suggérer ici qu'il s'agit de l'aboutissement d'une première étape de l'histoire de l'humanité.

Nous allons aborder dans un premier temps l'émergence de la mondialisation économique en la plaçant au sein d'un double phénomène de crise économique et de révolution technologique. C'est pourquoi nous parlerons d'une "Révolution Technologique Mondialisante". Puis on insistera sur le fait que la mondialisation résulte d'un enchaînement logique obéissant à la problématique de l'évolution économique définie plus haut.

1 - ÉMERGENCE DE LA MONDIALISATION ÉCONOMIQUE DANS UNE CRISE ÉCONOMIQUE ET UNE RÉVOLUTION TECHNOLOGIQUE : UNE "RÉVOLUTION TECHNOLOGIQUE MONDIALISANTE"

Rappelons qu'après la phase de discontinuité qui s'est manifestée par la crise des années 1930, la loi de recherche de gains de productivité a fonctionné de manière spectaculaire. De 1945 à la fin des années 1960, pendant une période de moins de vingt-cinq ans, - baptisée à tort "TrenteGlorieuses" - s'est déroulée la plus grande croissance économique de tous les temps. Puis, comme précédemment, des limites de gains de productivité ont été atteintes. Une grande crise était nécessaire, apte à dépasser ces limites, grâce à une révolution technologique. L'événement important est que cette dernière a eu pour conséquence de réaliser le début de la mondialisation. C'est pourquoi nous nommons cette révolution technologique : "Révolution Technologique Mondialisante".

Le fait qu'à une date située vers 1970, le monde industrialisé a atteint des limites dans la recherche de gains de productivité a été perçu par des auteurs qui l'ont mentionné dans leurs travaux[5]. Par ailleurs, certains indices l'ont annoncé. D'abord, le plus significatif, le taux de croissance de productivité. De l'ordre de 2,8 % par an entre 1960 et 1970 (moyenne OCDE), il a chuté à 1 % en moyenne, des années 1970 à la fin des années 1980. Pour appréhender la notion de limite de gains de productivité, un exemple peut nous aider, celui de la chaîne de montage

---

[5] Voir J.H.Lorenzi, O.Pastré, J.Toledano, *La crise du XXème siècle,* Economica 1985.

humaine installée pendant la crise des années 1930. Charles Chaplin en avait perçu l'importance et la symbolique en la mettant en scène en 1936 dans les "Temps Modernes". Il succédait ainsi à René Clair qui avait utilisé auparavant le même décor dans "A nous la Liberté". Cette chaîne de montage humaine a été un élément fondamental du mode de produire des vingt-cinq années de la grande croissance 1945-1970. Puis on a assisté à l'apparition de limites de gains de productivité. Il n'a plus été possible d'améliorer l'efficacité de la chaîne de montage humaine.
D'autres indices étaient apparus vers la fin des années 1960 : une conséquence des limites de gains de productivité a été la perte de rentabilité moyenne des entreprises du monde industrialisé. Ce qui signifiait que puisque l'efficacité du mode de produire ne s'accroissait plus, les profits commençaient à stagner. Cette donnée a été constatée par des études de l'INSEE portant sur les principaux pays industrialisés.
C'est dans cette période qu'on a également noté une hausse de l'inflation. Car il faut savoir qu'une telle hausse peut être mise en rapport avec une hypothèse de limites de productivité. Lorsque les firmes ont connu une rentabilité en baisse, elles ont eu tendance à s'endetter. Ce processus a été vérifié avant 1970. Or un endettement croissant dans un contexte de mauvaise qualité des dettes - ce qui est le cas pour les entreprises en difficulté - a entraîné une baisse de valeur de la monnaie. Rappelons à ce propos que la circulation de monnaie de papier est une circulation de dettes des acteurs économiques vis-à-vis du système bancaire. Si les dettes deviennent de mauvaise qualité, la monnaie aussi. D'où inflation, puisque l'inflation - par définition - est la manifestation d'une perte de valeur de la monnaie.

Abordons maintenant notre propos principal, celui d'une contrainte technologique : en nous situant toujours dans l'hypothèse d'un blocage de gains de productivité constaté vers 1970, jetons un regard sur l'histoire économique, plus particulièrement depuis le XVIIIème siècle. Celle-ci nous rappelle que ce sont des vagues d'innovations, réunies en révolutions technologiques, qui ont permis aux sociétés industrielles d'effectuer des bonds de productivité lorsque des blocages sont apparus. Dans notre exemple de la chaîne de montage humaine, les limites représentées par l'utilisation de la main-d'œuvre humaine ont été dépassées par l'apparition d'une automatisation de la chaîne, celle des premiers robots. Ceux-ci ont été les fruits de la découverte de la puce électronique à la fin des années 1960. Et leur apparition s'est accompagnée de celle des machines à commande numérique. Ainsi, après 1970, on a assisté au début d'une révolution technologique qui s'est réalisée dans le domaine de l'électronique appliquée à l'information. Mais de proche en proche cette révolution a atteint les secteurs des nouveaux matériaux, des transports, des biotechnologies un peu plus tard, etc. et ces innovations ont depuis complètement bouleversé le paysage économique des pays industrialisés.

Conséquence logique, c'est à ce moment que le chômage a commencé à croître. Car les firmes qui n'ont pas évolué ont été atteintes. Les autres se sont adaptées. Dans les deux cas, les ouvriers peu qualifiés de la chaîne de montage humaine n'ont plus eu d'avenir. L'inflation, permettant aux entreprises de s'endetter sans licencier, a évité pendant un temps un fort taux de chômage, sans empêcher sa lente montée. Celui-ci a commencé à se développer dans l'OCDE un peu avant 1970 et son taux s'est vivement élevé après 1982, car le phénomène inflationniste, à son tour, a atteint ses limites. Des politiques monétaires restrictives, c'est-à-dire ne permettant plus un fort endettement des firmes, ont été mises en œuvre. Une désinflation accompagnée d'une forte poussée de chômage s'en est suivie.

Et c'est ainsi que le phénomène de mondialisation, tel que nous l'avons défini, a été la conséquence du processus. En effet, les entreprises qui se sont adaptées ont eu besoin d'encore plus de capitaux pour investir dans les nouvelles technologies électroniques et autres, favoriser la recherche-développement etc. ce qui a conduit à un processus de concentration de capital. Or une taille plus importante de capitaux à rentabiliser a nécessité un espace de débouchés plus large, espace dont l'étendue a dépassé en moyenne celle des anciens débouchés par l'exportation des pays industriels. A partir de là, une nécessité s'est imposée pour les firmes, celle d'aller s'installer hors des frontières nationales.

2 - LA MONDIALISATION RÉSULTE D'UN ENCHAÎNEMENT LOGIQUE OBÉISSANT AUX GRANDES CARACTÉRISTIQUES DE L'ÉVOLUTION ÉCONOMIQUE

Il convient de remarquer que l'hypothèse d'un lien crise-révolution technologique-accroissement de taille des firmes-multinationalisation, n'a pas été proposée par beaucoup d'auteurs pendant les années 1970-1980[6]. Mais après 1990, ce type d'explication est devenu plus fréquent[7].

Pour nous, ce type d'explication s'inscrit parfaitement dans le cadre général de l'évolution économique établi précédemment.

---

6 Voir P. Grou, *La Structure Financière du Capitalisme Multinational,* Presses de la Fondation des Sciences Politiques, 1982.

7 Voir S.Strange, "L'avenir du capitalisme mondial", dans *Les capitalismes en Europe,* La Découverte, 1996.

Le moteur de l'évolution - la recherche de gains de productivité - s'est épuisé à la fin des années 1960, la crise qui s'en est suivie a correspondu à la discontinuité énoncée, et la caractéristique de l'élargissement des espaces économiques s'est illustrée par l'émergence de la mondialisation.

Ainsi, à partir du tournant de 1970, les espaces nationaux des pays industrialisés sont devenus trop étroits et les firmes ont eu intérêt à se délocaliser et à produire ailleurs. A ce moment, le phénomène de multinationalisation-mondialisation est progressivement devenu la règle. Il a entraîné une circulation des marchandises et des capitaux plus intense sur l'espace global des pays industrialisés et en a accéléré l'homogénéisation. L'atténuation des frontières est devenue nécessaire à la circulation des capitaux et des marchandises. Les barrières entre Etats-Nations ont eu tendance à s'abaisser. On a abouti à un espace global.

Tel est l'enchaînement qui a conduit à la mondialisation, et depuis les années 1970 s'impose un processus irréversible de "Révolution Technologique Mondialisante" contribuant à une homogénéisation des espaces des pays industrialisés.

On a parlé à propos de la mondialisation, de dimension financière spécifique. Rappelons que le capital bancaire suit nécessairement le capital industriel, et que les banques des pays industrialisés se sont également multinationalisées. Sur le plan financier, une montée en puissance d'Investisseurs Institutionnels comme les compagnies d'assurances ou les gérants de fonds de pensions, a également accompagné le phénomène, de telle sorte que ces Institutions sont devenues les premiers actionnaires des firmes et banques multinationales. On peut comprendre cette plus grande importance des Investisseurs

Institutionnels, parce que le monde industrialisé est globalement devenu plus riche et que l'épargne de ses populations s'est accrue. Celle des retraités est confiée dans les pays anglo-saxons à des organismes gérants de fonds de pensions, qui replacent les capitaux ainsi réunis.

Ainsi, la mondialisation financière se traduit par une meilleure mise en relation des acteurs économiques grâce à de nouveaux instruments financiers, produits par les nouvelles technologies de l'information, et cela sur les grandes places financières mondiales reliées entre elles par les nouvelles technologies de l'information. Mais ce serait une erreur de considérer que l'activité économique a acquis une dominance financière, hypothèse parfois avancée : les Etats-Unis ont repris leur place de leader mondial incontesté grâce à un essor technologique poursuivi dans les années 1990.

On vérifie ainsi que les événements constitutifs du profond bouleversement qui a débuté vers 1970 correspondent à la problématique d'ensemble proposée plus haut.

Insistons sur la cohérence des événements qui se sont produits à ce moment. On a relié entre eux un ensemble de faits - inflation, révolution technologique, concentration, multinationalisation, chômage - qui a priori, apparaissaient comme indépendants. Le premier indice qui pouvait frapper était celui de l'inflation. Dans les pays de l'OCDE, entre 1945 et 1970, les taux d'inflation n'avaient jamais dépassé un faible niveau moyen, de l'ordre de moins de 3 % par an. Or, en 1970 ils ont franchi la barre des 5 %, et entre 1970 et 1973, ils se sont élevés encore plus. A priori, il était difficile de comprendre pourquoi. En même temps, se manifestait un chômage dû à une première étape de restructurations. L'arrivée d'une forte vague de concentration et de multinationalisation des firmes et des banques était également étonnante. Mais tous ces éléments, reliés entre eux, conduisaient à une origine. Celle-ci, blocage de productivité apparu vers 1970, a entraîné un enchaînement d'événements cohérents, qu'on résume par l'expression "Révolution Technologique Mondialisante", et qui s'est exprimé dans la crise économique des années 1970-1980.

Après 1970, ces phénomènes se sont amplifiés : la concentration du capital s'est accrue, accompagnée de restructurations, de nouveaux produits sont apparus, la hausse du chômage s'est poursuivie. Un des indices parmi les plus significatifs de la mondialisation économique, celui du nombre de firmes multinationales, a considérablement augmenté. Les conséquences ont été une interpénétration plus grande entre pays industrialisés, conduisant à l'émergence d'un espace mondial intégré sur trois pôles, appelés "Triade", - Amérique du Nord, Europe, Asie industrialisée -.

Insistons sur le fait que cet enchaînement de causalités, mal perçu pendant les trente dernières années du XXème siècle, est le seul qui permette d'avoir une vision globale de l'évolution récente du monde économique.

Remarquons également qu'en limitant à la "Triade", la mondialisation économique, il ressort que celle-ci ne s'étend pas au monde entier et s'effectue principalement dans les trois pôles des pays industrialisés. Par suite, la majorité des pays en développement ou pauvres n'est guère l'objet d'implantations industrielles et bancaires génératrices de la "mondialisation". Ils peuvent être concernés par des retombées, par exemple celles des moyens de communication, mais ils ne produisent pas de nouvelles technologies, et l'écart de leur niveau de vie avec celui des pays industrialisés a tendance à s'accroître.

On a dit, à ce propos, que la mondialisation était excluante.
En résumant notre explication par le terme de "Révolution Technologique Mondialisante", on y a inclu notre préoccupation de souligner l'"impératif technologique". En postulant que la recherche des gains de productivité était le grand moteur de l'évolution humaine, on ne doit pas être étonné d'avoir abouti à cette conclusion.
Rappelons au passage que l'essor de découvertes techniques et leur transformation en innovations dépendent de conditions sociales locales. Rien ne garantit qu'un bon niveau technologique étant atteint, cet état se traduira par une avancée économique. Aucune dynamique positive ne peut s'effectuer sans compromis entre classes sociales, sans adhésion de l'ensemble des acteurs politiques, économiques, et sociaux, pour transformer le potentiel technologique en création de richesse économique.
Nous avons proposé une explication précise de la genèse de la mondialisation économique, phénomène caractérisant le monde du début du XXIème siècle, mais d'autres interprétations de la crise des années 1970-1980 et de la multinationalisation des firmes ont été proposées. Elles vont être rappelées et critiquées, mais auparavant notons une cinquième définition avancée :

LA "RÉVOLUTION TECHNOLOGIQUE MONDIALISANTE", EST L'ENCHAÎNEMENT D'ÉVÉNEMENTS QUI, ISSU DE LA CRISE ÉCONOMIQUE DES ANNÉES 1970-1980, A ABOUTI À LA MONDIALISATION ÉCONOMIQUE.

Comme à propos des précédentes crises économiques, les ouvrages qui relatent les causes et le déroulement de la crise des années 1970-1980 font trop souvent - encore au début du XXIème siècle - allusion à des causes événementielles. Le passage qui suit recense ces types de diagnostics, auxquels on a ajouté ceux des grands courants de pensée.

DIAGNOSTICS INSATISFAISANTS RELATIFS A LA CRISE DES ANNÉES 1970-1980

Depuis 1970, un grand nombre d'hypothèses relatives à la crise économique des années 1970-1980 ont été avancées.

En France, on a entendu successivement des explications de la crise en termes de dérèglement du système monétaire international, de chocs pétroliers, de revendications salariales, d'excès de crédit bancaire, de fautes de la Droite, de concurrence des pays du Tiers-monde, de délocalisations des firmes multinationales, de poids excessif de l'Etat engendré par la Gauche... Les grands courants de pensée comme les Keynésiens, les Marxistes, et les Néoclassiques se sont également exprimés.

La première explication a été celle du dérèglement du Système Monétaire International. Entre 1945 et 1970, les échanges mondiaux avaient bénéficié d'une relative stabilité monétaire grâce à des taux de change fixes entre les monnaies. Le dollar, monnaie du pays dominant, était le pivot du système, encore convertible en or. Par ce biais, l'ensemble des monnaies de papier était encore raccroché à la monnaie métallique à un taux fixe. Mais à la fin des années 1960, la valeur du dollar a été remise en question. En 1971 il a été dévalué par rapport aux autres monnaies et à l'or. Finalement, en 1973, le lien avec l'or a été rompu, et surtout, le rapport aux autres monnaies n'a plus été fixe, il est devenu fluctuant, système encore en vigueur au début du XXIème siècle : les taux de change varient tous les jours entre les grandes monnaies, ce qui introduit un élément d'incertitude dans les échanges. C'est pourquoi la montée du chômage au début des années 1970 avait été attribuée à ce nouvel état du système de change. La première conférence du G7, en 1976 à Rambouillet, s'était fixée pour but de résorber la crise en remettant de l'ordre dans le système monétaire international. Il n'a permis aucun résultat car l'instabilité monétaire conduisant à un système de parités flexibles était une expression de la crise économique se manifestant dans l'inflation. La baisse de valeur du dollar et les variations des valeurs des monnaies n'étaient que des effets. S'attaquer à des conséquences et non aux causes ne risquait pas d'avoir d'effets positifs, et ce fut le cas. Les taux de change sont donc demeurés fluctuants après 1976.

La seconde explication proposée fut celle en termes de chocs pétroliers. Il convient de s'y arrêter spécialement car elle figure encore dans un grand nombre de manuels d'économie au début du XXIème siècle, et elle y restera probablement encore longtemps. Au début du processus, à la fin des années 1960, les prix de vente du baril de pétrole sur le marché mondial étaient libellés en dollars. Ils le sont encore au début du XXIème siècle puisque le dollar est toujours la monnaie dominante. Ces prix étaient stables, mais avec l'inflation de la fin des années 1970, les revenus des pays producteurs ont diminué. Au début des années 1970, les taux d'inflation ont été encore plus élevés. S'est alors produit en Octobre 1973, un événement politique, celui de la guerre du Kippour entre l'Egypte et Israël. Pour manifester leur solidarité avec l'Egypte, les pays arabes, majoritaires dans le groupe des pays producteurs de pétrole, ont décidé une importante hausse du prix de vente du baril. Ils récupéraient ainsi la part de rente qu'ils avaient perdue à cause de l'inflation, l'augmentant même au passage d'une marge supplémentaire. Les pays industrialisés, qui dépendaient à l'époque d'options énergétiques axées sur un tout pétrolier, ont subi un fort accroissement du coût de l'énergie, et c'est ainsi qu'a semblé établie pour une majorité de commentateurs la cause du début de la crise des années 1970-1980. Dans notre cadre d'analyse, celle-ci se préparait bien plus tôt, depuis un tournant situé vers 1970. Il est certain que le phénomène a aggravé la situation et la hausse du coût de l'énergie a accru les difficultés des entreprises, ce qui s'est traduit par une dose supplémentaire de chômage en 1974 et 1975. Ce type d'explication ne permettait de concevoir comme remède qu'une baisse de prix du pétrole par les pays producteurs. Il suffisait d'attendre que ceux-ci deviennent plus accommodants et que les prix chutent, ou de s'attaquer au tout pétrolier pour devenir moins vulnérable. En France, un programme de construction de centrales nucléaires a été entrepris à ce moment. Mais, comme l'inflation mondiale s'est poursuivie pendant les années 1970, grignotant les gains que les pays producteurs avaient obtenus, un nouveau choc pétrolier est apparu en 1979. Car les pays producteurs désirant retrouver la marge de rente acquise en 1973, ont à nouveau haussé les prix. Et comme le niveau du chômage s'est encore accru, une majorité de commentateurs en a rendu à nouveau responsable le second choc pétrolier. Pour nous, les raisons de la crise n'avaient pas plus à voir avec le second qu'avec le premier choc pétrolier car ces phénomènes n'en ont jamais été les causes profondes. Les responsables économiques attendaient impatiemment la fin de la crise en souhaitant mettre un terme à ces agressions économiques inadmissibles et une expédition militaire vers les pays du Golfe a même été envisagée par les Etats-Unis dès cette époque. Et trente ans après, au début du XXIème siècle, certains auteurs se réfèrent encore à cette explication.

Le diagnostic suivant, proposé dans le courant des années 1970 a été celui de revendications salariales trop fortes. Il consistait à accuser les syndicats des pays industrialisés d'être responsables de la crise. S'agissait-il d'un complot visant à mettre à bas le capitalisme ? En réalité, l'inflation diminuait le pouvoir d'achat des salariés et ceux-ci réclamaient un réajustement de leurs salaires par l'intermédiaire de leurs syndicats. Les tenants de cette explication avançaient que les hausses de salaires obtenues par les revendications alourdissaient les charges des entreprises, ce qui tendait à paralyser leur activité et à déclencher la crise. Les causes de la crise étant bien plus profondes, désigner les syndicats du doigt n'a servi à rien. Avec la chute de l'inflation du début des années 1980, les syndicats ont perdu de l'influence. Et à ce moment, le chômage s'est accrû encore plus vite.

Le quatrième type d'explication entendue entre 1970 et les années 1980 était celui d'un excès de crédit bancaire accordé par les banques aux entreprises. Les banques des pays industrialisés devenaient responsables de la crise économique, en distribuant trop de crédits générateurs d'inflation, donc de perturbations entraînant la crise. Cela revenait encore à rendre l'inflation cause de la crise, alors qu'elle en était un des premiers signes. Les banques ne faisaient que leur métier qui consiste à prêter. Et les entreprises s'endettaient parce que leur rentabilité avait baissé et qu'elles avaient besoin de plus de crédit pour se maintenir. L'inflation en était un résultat, donc signe de crise, mais pas sa cause.

Le cinquième diagnostic était celui porté par les partis de Gauche de la France de la fin des années 1970. Cette explication rendait la Droite responsable du chômage donc de la crise. Puisque la Droite avait gouverné le pays sans interruption depuis 1958, la Gauche, qui voulait gagner les élections, proclamait qu'une intervention de l'Etat était nécessaire pour relancer l'activité économique. L'inspiration était de nature keynésienne. Mais une fois au pouvoir, après 1981, les mesures prises n'ont pas fait baisser le chômage bien au contraire et la thérapie keynésienne fut un échec. L'inadéquation de la pensée keynésienne à la crise des années 1970-1980 s'exprimait.

Le sixième diagnostic était celui de la concurrence des pays du Tiers-Monde. On se souvient qu'à partir des années 1970, on a assisté au grand essor des firmes multinationales. Or, ces firmes, ayant par leur nature même des stratégies transfrontières, ont eu besoin d'une baisse des barrières douanières entre pays industrialisés ou en voie d'industrialisation. La conséquence a été un afflux de marchandises en provenance de pays émergents, où les coûts de certains produits étaient beaucoup plus bas, par exemple dans le textile. Précisons que dans ces pays, souvent asiatiques, les conditions des années 1970-1980 étaient celles d'un travail non qualifié, associé à des technologies rudimentaires, par exemple celle de la machine à coudre manuelle. Or, en France, ces façons de produire combinant travail non qualifié et anciennes technologies, étaient encore en vigueur dans plusieurs secteurs, comme celui du textile ou des chantiers navals. Il s'agissait donc d'industries retardataires qui fonctionnaient avec un niveau de salaire français élevé, celui du SMIC. On peut penser qu'il était dangereux de conserver des technologies du passé dans un pays anciennement industrialisé. La concurrence du Tiers-monde n'a fait que servir de révélateur, le chômage résultant d'une inadaptation à la Révolution Technologique Mondialisante. Des machines à coudre manuelles étaient encore utilisées dans la région du Nord de la France pendant les années 1970, alors que les nouvelles technologies apparues au tournant de 1970 faisaient appel à l'automatisation. C'est le fait de ne pas investir dans les nouvelles technologies qui conduisait au chômage. Ce problème est d'ailleurs toujours d'actualité au début du XXIème siècle.

Le septième diagnostic était celui de la délocalisation des firmes multinationales. Il consistait à affirmer que c'est parce qu'elles s'installaient hors du territoire national que les firmes françaises supprimaient de l'emploi en France. Or, on sait que la multinationalisation de la production était une conséquence d'une révolution technologique qui commandait un élargissement de l'espace des firmes. Il était donc nécessaire que les firmes françaises s'implantent à l'étranger. Et rien n'imposait que cela se fasse au détriment de l'emploi français, bien au contraire, mais à condition que de nouveaux emplois soient créés avec des technologies d'avenir. Cela n'a pas été le cas du secteur textile car seules certaines firmes sont passées plus tard au découpage laser, et n'ont gardé en France que la conception des modèles. Le coût salarial français correspondant à une faible qualification étant trop élevé, une faible qualification a peu d'avenir dans un pays industrialisé, sauf en acceptant comme ce fut le cas aux Etats-Unis dans les années 1980-1990 une forte baisse de ce type de salaire.

Le huitième diagnostic était celui du poids excessif de l'Etat. Cette fois, l'argument a été utilisé par la Droite française en 1986 pour critiquer les politiques de nationalisations menées par la Gauche entre 1981 et 1986. L'Etat aurait été responsable de la crise en intervenant trop lourdement, il aurait empêché des initiatives privées capables de redonner un dynamisme à l'économie. Il y eut donc des privatisations après 1986, après que la Droite eut remporté les élections législatives. Or, le problème n'a jamais été celui de plus ou moins d'Etat, mais comment faire en sorte qu'un Etat organise les structures qui permettent de sortir de la crise. On revient ici au diagnostic et aux remèdes permettant une adaptation à la "Révolution Technologique Mondialisante".

Le grotesque d'autres diagnostics a atteint des niveaux inégalés lorsque des explications ont avancé que la crise était due à la présence de travailleurs immigrés volant le travail des Français. Personne ne s'était plaint de leur arrivée lorsque les besoins en main-d'œuvre n'étaient pas satisfaits pendant la période précédente de suremploi des années 1945-1970.

Après ce survol de diagnostics de la crise de fin de XXème siècle, pour la plupart centrés sur des événements, grande constante dans l'étude des crises économiques, examinons maintenant une seconde catégorie d'explications fournie par les grands courants de pensée économique.

Examinons d'abord la pensée keynésienne. Souvenons-nous que ceux qui se réclamaient de Keynes ont été les maîtres de la pensée économique du monde industrialisé de l'Ouest pendant les années 1945-1970. Mais à propos des crises, chez Keynes, il faut discerner deux attitudes[8]. On trouve chez lui une explication des crises très proche de celle de Malthus, mais aussi une vision économique du court terme exprimant le fait qu'un équilibre de plein-emploi est aléatoire et que l'Etat doit intervenir pour contribuer à l'établir. Pour ce qui est de la référence à Malthus, on sait que lors de la crise européenne des années 1814-1848, frappé par la misère et le chômage auxquels il assistait, cet auteur a été le premier grand économiste à proposer une explication de la baisse d'activité économique[9]. Il l'avait

---

[8] Voir J.M. Keynes, *Théorie Générale de l'Emploi, de l'Intérêt et de la Monnaie,* 1936.

[9] Voir T.R. Malthus, *Principes d'Économie Politique*, 1820.

énoncée en termes de surproduction et Keynes l'avait reprise pendant les années 1930. La surproduction, cause de la crise était conséquence d'une offre de marchandises supérieure à la demande. En d'autres termes, une sous-consommation, due à une insuffisance de revenus engendrait une baisse de consommation et par suite une chute de l'activité économique. Cette explication a été peu avancée à propos de la crise des années 1970-1980, car elle apparaissait moins crédible dans un contexte de sociétés de consommation de fin de siècle. Mais, aussi bien au début du XIXème que pendant les années 1930, la surproduction a été un effet et non une cause de la crise. Une baisse des revenus qui engendre une baisse de consommation est une conséquence du chômage, dû lui-même aux grands changements de restructuration propres à chaque crise. Les raisonnements de Malthus et de Keynes sont donc critiquables, mais ont le mérite de produire des remèdes estimables. Malthus n'acceptant pas le chômage et la misère ouvrière, a été un des premiers à proposer des politiques de grands travaux. Keynes a suivi la même voie dans les années 1930. Lors de politiques de grands travaux, l'Etat distribue des revenus pour lutter contre la sous-consommation. Les travaux peuvent se situer dans le domaine des infrastructures, comme la construction de routes, de barrages, etc. Keynes a même proposé de faire creuser des trous pour les reboucher ensuite. Mais les Keynésiens n'ont pas suggéré de politiques de grands travaux dans les années 1970-1980, car d'autres moyens également d'essence keynésienne leurs semblaient plus efficaces, par exemple des politiques monétaires de relance de consommation, en faisant baisser le coût du crédit. Mais elles ont été des échecs, car mise à part la référence au Malthus de la surproduction, il n'y a pas de théorie des crises chez Keynes. Par suite, en période de crise, les solutions de relance qu'il préconise sont insuffisantes. Des politiques keynésiennes ont été appliquées en France pendant les années 1970-1990, par le premier gouvernement Chirac en 1976, et le gouvernement Mauroy de 1981. Elles ont toutes deux conduit à des échecs, parce que les mesures de politiques économiques keynésiennes, efficaces lorsqu'il s'agit de stimuler un organisme économique en bonne santé, ne font que doper un ensemble économique malade, lequel devra mourir tôt ou tard. Souvenons-nous qu'il existe deux catégories de mesures keynésiennes destinées à accroître l'activité économique : celles qui concernent la consommation, et celles qui s'adressent à l'investissement. En période de crise, si on stimule la consommation, c'est la demande de nouveaux produits qui est accrue. Si ceux-ci sont fabriqués à l'étranger, il n'y a aucun impact sur l'activité locale, cas de l'afflux des magnétoscopes japonais en 1982. Ce risque d'accroissement des importations est d'autant plus net que l'abaissement des frontières engendré par la multinationalisation-mondialisation est important. Et, si l'on aide les entreprises par le crédit, celles qui sont en mauvaise santé se maintiennent par l'endettement, au lieu de se restructurer, et l'inflation s'accroît. On a donc assisté à des échecs de ces politiques. Ce qui explique pourquoi les politiques d'inspiration keynésiennes utilisées pour lutter contre la crise des années 1970-1980, ont été peu à peu abandonnées depuis cette période. Cela ne signifie pas qu'au niveau mondial, dans un contexte de croissance mondiale, les politiques keynésiennes n'aient plus d'avenir.

La pensée keynésienne avait dominé le monde industrialisé entre 1945 et 1970. Dans sa "Théorie Générale", l'auteur a proposé des remèdes immédiats face à un ralentissement d'activité économique. Ceux-ci ont été efficaces dans la période 1945-1970, période de grande croissance et non de crise. Et comme il les avait proposés en 1936, on a cru à tort qu'il était l'économiste des remèdes au chômage de crise. Ce qui est faux. Insistons sur le fait que les politiques keynésiennes ont été efficaces dans des économies peu ouvertes, contre des ralentissements de conjoncture, et surtout dans un contexte de prospérité.

Le second courant est celui de la pensée marxiste. Au début de la crise, pendant les années 1970, le courant marxiste orthodoxe a une nouvelle fois prédit la crise ultime du capitalisme[10]. Il avait déjà annoncé la même issue pour la crise des années 1930. A la place de cela, la fin des années 1980, fut, comme on le sait, le moment de la crise finale du socialisme soviétique et de ses satellites européens. Les autres sous-modèles, Chine, Vietnam, ont entamé un processus de transition interne vers le capitalisme. Quant au cas cubain, il est victime d'une lente dégénérescence. Que convient-il de conserver de cette école de pensée ? Une riche méthodologie en termes d'évolution économique, de successions de périodes historiques, de moments de surinvestissement, de révolutions de modes de production, un remarquable concept de concentration du capital, c'est-à-dire d'accroissement de taille des firmes, de débouchés, etc. au total une grande force d'analyse. Mais il faut en rejeter les erreurs, comme la loi de baisse tendancielle des taux de profit, la vision messianique du rôle du prolétariat dans l'histoire, la fin proche du capitalisme.

---

10 Voir P. Boccara, *Le Capitalisme Monopoliste État,* Éditions Sociales, 1973.

Dernier cadre de pensée à examiner à propos de la crise des années 1970-1980, celui de l'école néoclassique, qui prône le libéralisme économique et a une prétention de scientificité parce qu'elle a beaucoup fait usage de formalisations mathématiques. Malheureusement, la plupart d'entre elles partent d'hypothèses qui n'ont aucun rapport avec la réalité, comme par exemple celle des équilibres de marchés dont le résultat est un "équilibre général". Ces exercices de style gratuits, sont dangereux lorsqu'on les présente comme solutions de problèmes économiques. Cette théorie est la plus critiquable et pourtant c'est elle qui a rencontré le plus de succès à partir des années 1980. Comme on l'a déjà souligné, la mondialisation réclame une libre circulation des produits et des capitaux. Or le libre-échangisme est une constante du libéralisme économique. Rappelons que "néoclassique" signifie nouveau libéralisme, par rapport à l'école classique de Smith, Ricardo, et Malthus, qui avaient été les premiers libéraux. Pourquoi critiquer cette vision, si le libéralisme accompagne une mondialisation incontournable ? Parce que le libéralisme est un discours idéologique qui ne bénéficie qu'à ceux qui ont résolu toutes les difficultés. Il ne suffit pas de décréter la "liberté" pour que tous les problèmes soient réglés. La meilleure preuve du danger de la théorie a été fournie en Russie après 1991. Des apprentis sorciers ont préconisé une liberté économique totale. Les anciennes structures qui fonctionnaient mal, mais qui fonctionnaient encore, ont été détruites. Comme bien entendu le "marché", moyen imaginaire de résolution des difficultés, a été incapable de produire l'abondance, ce sont des potentats locaux et mafieux qui se sont installés. Cet épisode insuffisamment rappelé a fourni un bel exemple, un vrai cas d'école de la prétendue efficacité du "libéralisme". Ajoutons que la plupart du temps et en particulier dans un contexte de mondialisation, la théorie néoclassique, idéologie du statu quo, ne profite qu'aux positions dominantes.

Au total, un bilan de l'examen des grands courants est négatif. Si on l'ajoute à celui des précédentes explications en termes événementiels, on ne trouve que des réponses insatisfaisantes. Et l'on peut réaliser comment des interprétations erronées ont pu chaque fois conduire à des politiques anti-crises déficientes. Il semble que chaque fois, cet état de choses a résulté d'une absence de méthodologie cohérente.

Il existe également des explications événementielles relatives à la multinationalisation-mondialisation de la production.

Nous estimons nécessaire de les relater parce qu'elles figurent aussi dans un grand nombre d'ouvrages d'économie internationale.

EXPLICATIONS INSUFFISANTES DE LA MULTINATIONALISATION DE LA PRODUCTION

Effectuons un examen des théories proposées pour expliquer la multinationalisation ou mondialisation économique. Insistons sur le fait que chez chacune, aucun lien n'a été établi entre la crise des années 1970-1980 et l'émergence de la mondialisation économique.

Pendant les années 1970-1980, on a pu dénombrer plusieurs hypothèses différentes relatives à la multinationalisation du capital. Elles ont tenté d'expliquer pour quelles raisons les firmes nationales des pays industrialisés ont entamé une dynamique de délocalisation.

On a pu recenser six explications : la théorie du cycle du produit, celle de l'étroitesse de l'oligopole national, celle du franchissement des barrières douanières, celle de la recherche des bas salaires, celle de la quête des sources de matières premières, enfin celle qui englobe l'ensemble des précédentes motivations.

La théorie du cycle du produit, énoncée par Raymond Vernon dans les années 1970, explique que les firmes ayant rentabilisé un produit sur un marché national, s'installent ailleurs pour continuer l'exploitation de ce produit[11]. Celui-ci accomplit ainsi un cycle de valorisation sur plusieurs espaces nationaux. Cette description n'était pas inexacte, mais pourquoi ce "cycle du produit" a-t-il semblé devenir nécessaire après un tournant situé vers 1970 ? La théorie ne le dit pas.

La seconde explication était celle de l'étroitesse du champ de l'oligopole national. Le marché intérieur étant devenu trop étroit pour les firmes qui s'y font concurrence, celles-ci ont été amenées à s'implanter ailleurs pour trouver de nouveaux débouchés. Mais pourquoi l'ailleurs a-t-il été moins étroit que celui de l'oligopole national ? Sachant surtout que des firmes en provenance de l'ailleurs se sont installées sur l'espace national et ne l'ont pas trouvé trop étroit ? Le diagnostic semble incomplet.

L'explication suivante est celle du franchissement des barrières douanières. Il est compréhensible que les firmes se multinationalisent

---

[11] Voir R.Vernon, *Le Cycle du Produit,* Calmann-Levy, 1978.

pour éviter des protections tarifaires, mais il est difficile d'expliquer les implantations là où il n'y a pas de tarifs protectionnistes.

La recherche de bas salaires est une quatrième explication, valable parfois, mais peu convaincante pour expliquer des délocalisations de firmes européennes dans d'autres pays européens ou aux Etats-Unis, lieux à hauts salaires, les plus fréquemment choisis dans les stratégies d'implantation.

L'avant-dernière hypothèse est celle d'une quête de sources de matières premières. Les multinationales pétrolières ou de l'exploitation du cuivre existaient avant la grande vague qui a débuté vers les années 1970. Il s'agit d'un cas particulier qui n'a pas de valeur explicative pour l'ensemble du phénomène de délocalisation productive.

Une dernière explication, dite éclectique suggère qu'il faut prendre en compte l'ensemble des précédentes hypothèses, additionnées entre elles. Chaque explication insisterait chacune sur un aspect partiel d'un phénomène général.

Mais pour nous, la somme de diagnostics partiels n'a jamais donné un diagnostic global.

Au total, le phénomène de mondialisation, saut qualitatif, rupture fondamentale, dans la nature des économies industrialisées, permet de souligner que l'existence de firmes et de banques multinationales était exceptionnelle avant 1970. Il est devenu la règle à partir de ce moment.

Cette donnée aurait dû pousser les auteurs à expliquer un saut qualitatif qui n'a pas pu se produire de manière fortuite. Pour quelles raisons un phénomène demeuré marginal depuis la Révolution Industrielle serait devenu une règle impérative après un tournant situé vers 1970 ? Dans aucun des diagnostics rappelés l'explication de l'accélération subite du processus n'a été fournie.

L'ENSEMBLE DES EXPLICATIONS PROPOSÉES RELATIVES À LA CRISE DES ANNÉES 1970-1980 ET À LA MULTINATIONALISATION DE LA PRODUCTION TRADUIT POUR NOUS UNE IGNORANCE DES CAUSES PROFONDES DES DEUX PHÉNOMÈNES.

Un diagnostic global de "Révolution Technologique Mondialisante" est plus satisfaisant, car la démarche s'appuie sur la mise en évidence de causes profondes, sur un enchaînement logique qui s'inscrit dans la dynamique des grandes caractéristiques de l'évolution économique.

Cette vision particulière conduit à la prise en compte évidente de la donnée technologique. Le mouvement technologique a été une fois encore, à l'origine d'une des plus grandes révolutions de l'évolution économique, celle de la mondialisation.

Il existe plusieurs termes pour nommer ce processus. Quelle différence effectuer entre multinationalisation, mondialisation, et globalisation ? Pour simplifier, on dira qu'il s'agit du même phénomène pris à différents moments de son développement. Lors d'une première étape de multinationalisation, au début des années 1970, les implantations de filiales à l'étranger ont d'abord été d'exactes répliques des filiales existant sur le territoire national d'origine. On pouvait alors parler d'une phase de simple multinationalisation, d'une première étape. A ce moment, les stratégies des firmes multinationales se sont illustrées plutôt par des implantations dites de filiales-relais, celles où l'on produisait les mêmes biens que ceux produits sur le territoire d'origine. A la fin des années 1970, les implantations ont acquis un caractère plus spécifique, propre aux données locales, en fonction par exemple des coûts de main-d'œuvre, et l'on est entré dans une phase de début de mondialisation, cette stratégie se mettant définitivement en place dès les années 1980. Après les années 1980, on a constaté la mise en œuvre d'un processus de planification mondiale au sein de la firme. On est ainsi parvenu à un stade de mondialisation qui a été qualifié également de "globalisation". On entend donc par "mondialisation" ou "globalisation" le fait qu'une firme applique une stratégie globale en planifiant une division du travail au sein de ses filiales implantées dans plusieurs espaces nationaux, qui appartiennent généralement à au moins deux pôles de la "Triade". Ces précisions relatives au processus de mondialisation n'ont généralement pas permis des propositions allant dans le sens d'un "impératif technologique", car aucun lien avec le phénomène de crise et de révolution technologique n'a été effectué.

Si l'on est convaincu qu'une révolution technologique est bien à l'origine du phénomène de mondialisation, et que d'une manière plus générale, les diagnostics relatifs à une loi d'évolution économique et à de grandes caractéristiques de cette évolution, se vérifient dans la période récente, on est conduit à l'évidente prise en compte d'un impératif technologique.

Ayant terminé la première partie de notre démarche, il nous faut maintenant expliquer comment cet impératif technologique s'impose de manière encore plus nette au début du XXIème siècle.

SECONDE PARTIE : UN IMPÉRATIF TECHNOLOGIQUE, ENCORE PLUS INCONTOURNABLE DEPUIS L'ÉMERGENCE DE LA MONDIALISATION ÉCONOMIQUE

Dans cette seconde étape, nous allons d'abord exposer comment on assiste à une accélération de l'évolution technologique encore plus forte dans le contexte de mondialisation économique, et qu'au début du XXIème siècle l'"impératif technologique" apparaît comme une contrainte encore plus incontournable.
Nous examinerons ensuite comment l'ignorance d'un tel impératif conduit, dans les anciens pays industrialisés, à une alternative entre chômage et pauvreté.

I UNE ACCÉLÉRATION DE L'ÉVOLUTION TECHNOLOGIQUE DANS LA MONDIALISATION ÉCONOMIQUE

On examinera d'abord comment le phénomène d'accélération se rapproche d'une situation limite et modifie les caractéristiques de l'évolution économique. On verra ensuite comment ce processus conduit à une révolution technologique ininterrompue.

1 - UNE ACCÉLÉRATION QUI MODIFIE LES AUTRES CARACTÉRISTIQUES DE L'ÉVOLUTION ÉCONOMIQUE

Il est logique qu'un phénomène d'accélération continue aboutisse à une limite. Mais il est fréquent que de nouveaux phénomènes apparaissent lorsque l'on approche d'une situation limite.

A - Prévision d'une limite à l'accélération économique au XXIème siècle

On a énoncé que l'accélération des rythmes économiques était une des caractéristiques de l'évolution économique. Insistons maintenant sur le fait que ce phénomène s'accentue. On avait remarqué que les périodes de crises et de prospérité s'étendaient sur plusieurs milliers d'années dans la Préhistoire, sur plusieurs siècles dans l'Antiquité, plusieurs dizaines d'années lors de la Révolution Industrielle, et qu'elles avaient correspondu aux "cycles Kondratieff" d'une durée de trente ans au XIXème siècle et de vingt-cinq ans au début du XXème siècle. Les "cycles Kondratieff" n'étaient pas de vrais "cycles", leur durée n'étant pas fixée une fois pour toutes. Ils ont été l'expression du mouvement discontinu accéléré, observé à un moment précis de l'évolution économique. Pour cette raison, la phase d'expansion de la "Nouvelle Economie" américaine des années 1990 n'a pas pris la forme d'un nouveau "Kondratieff" puisqu'elle s'est épuisée vers l'année 2000, ne s'étendant ainsi que sur une dizaine d'années. En imaginant la suite, on peut prévoir que les phases de stabilité et de prospérité vont se resserrer pour tendre vers un point limite où les deux catégories seront confondues.

Une étude effectuée ailleurs[12], qui s'est fixé de quantifier l'accélération des rythmes économiques est parvenue à ajuster mathématiquement les alternances crise-prospérité. Cette démarche aboutit à la prédiction d'un point limite de la progression situé au XXIème siècle. La date calculée est celle de l'année 2080 - avec une marge ou écart-type - de

---

12 *Les Arbres de l'Évolution,* Hachette, 2000, o.c.

vingt années. Ces calculs ont été confirmés de manière indépendante par d'autres chercheurs, à partir de séries de chiffres différentes, portant entre autres sur la production mondiale, ou sur les rythmes d'apparition des nouvelles technologies. Ils aboutissent tous à un résultat proche du nôtre, situant le moment limite - ou temps critique, ou singularité - vers la seconde moitié du XXIème siècle[13]. Comment interpréter la prédiction d'une telle limite ? On a dit qu'avec la mondialisation, on aboutissait à la fin d'une première phase de l'histoire de l'humanité. La transformation qui a commencé à la fin du XXème siècle, se poursuit au XXIème. Les signes principaux sont, bien sûr la composante technologique, mais aussi l'apparition de contraintes de préservation de l'environnement, un butoir démographique, la finitude de l'espace mondial, et une modification des caractéristiques de l'espèce humaine - par exemple dans l'extension de l'espérance de vie -. Ces grands changements ont été prévisibles dés la fin du XXème siècle.

B - MODIFICATION PROBABLE DES AUTRES CARACTÉRISTIQUES DE L'ÉVOLUTION ÉCONOMIQUE

Conséquence de l'aboutissement à la limite précédente, il est vraisemblable qu'on assistera au XXIème siècle, à une transformation des autres caractéristiques de l'évolution économique. Evidemment, la grande loi d'évolution ne sera pas modifiée, elle demeurera toujours celle d'une recherche de gains de productivité, mais les autres caractéristiques qui l'accompagnaient depuis toujours devraient évoluer.

---

[13] Voir A. Johansen et D.Sornette, *Finite-Time Singulary in the Dynamics of the World Population, Economic and Financial Indices* dans Physica 2001, et le site *Singularity Watch* de John Smart à Palo-Alto.

Si l'on réexamine le couple discontinuité-accélération, la crise des années 1970-1990 aurait dû se terminer définitivement dans l'ensemble des pays industrialisés vers le début des années 1990. Or, ce ne fut le cas qu'aux Etats-Unis. On aurait pu s'attendre à une reprise de prospérité plus générale. D'abord l'Europe n'a pas suivi, puis l'Asie a décroché. Il semblait pourtant que ces deux régions avaient mieux franchi les mauvais moments des années 1980 que les Etats-Unis. Mais ceux-ci ont repris une position de domination technologique incontestable entre 1990 et 2000. C'est chez eux que les taux de croissance de productivité ont été les plus élevés pendant ces années. La croissance économique n'a repris en Europe qu'à partir de 1997, et les niveaux de chômage sont restés élevés. Il semblerait ainsi qu'à partir des années 1990, les phases de la discontinuité présentent un caractère moins net. On assisterait également à un début de simultanéité spatiale entre crise et prospérité : dans la période de croissance des années 1990, aux Etats-Unis, certains groupes sociaux liés à la Révolution Technologique Mondialisante se sont trouvés en pleine richesse, alors que d'autres ont été tirés vers la pauvreté et la précarité. En Europe, le chômage s'est maintenu. Si l'on se réfère à la deuxième caractéristique, celle des hiérarchies entre niveaux de productivité, les différences ne se situent plus entre espaces économiques nationaux. Un centre-ville comme celui de Los Angeles peut être un îlot de pauvreté, alors que quelques centaines de mètres plus loin, on trouve un des lieux de haute technologie les plus avancés de la planète. Ce n'était pas le cas antérieurement, et l'on se souvient par exemple que disposer d'un revenu peu élevé comme le SMIG pendant les années 1960 dans un pays riche comme la France, représentait une situation très appréciable en comparaison du niveau de vie moyen dans un pays en développement.

Maintenant certains ghettos de pays riches comme les Etats-Unis reflètent des niveaux de vie identiques à ceux de pays pauvres d'Afrique. La mondialisation homogénéise les espaces, tend à polariser la richesse en quelques lieux de haute technologie, et accélère l'accroissement des écarts de revenus.

La tendance à l'accélération étant vérifiée, si l'on se place dans la continuité des rythmes précédents, la crise du début des années 2000 durera seulement quelques années. Il semblerait qu'en 2004 un nouveau renversement se soit produit. Une indétermination existe toujours, mais le temps de ralentissement doit être plus court que lors des phases précédentes, donc d'une durée de moins de dix ans. Les taux de productivité élevés des entreprises américaines ont été limités à la période des années 1990, et à partir des années 2000, ceux-ci ont à nouveau chuté. Après une phase de baisse de productivité pendant les années 1970-1980, une remontée s'est effectuée pendant les années 1990, suivie par un nouveau renversement de tendance au début des années 2000. Mais, après 2004, il semble qu'une nouvelle phase se profile. Comme les indicateurs de crise se ressemblent, au début des années 2000, on en a retrouvé certains de même nature que ceux annonçant la précédente crise des années 1970-1980. On a ainsi assisté dans les principaux pays industrialisés, à une chute de rentabilité des entreprises, une hausse de leur endettement, une tendance à l'inflation, et une remontée du chômage. Le diagnostic en termes de limites de productivité s'est encore imposé, cantonné cette fois au secteur des technologies de l'information - appelé "Nouvelle Economie" aux Etats-Unis -. Les limites sont également illustrées par l'effondrement boursier survenu depuis l'an 2000. La crise a semblé se focaliser sur un seul type de technologie, alors qu'auparavant on parlait plutôt de limites d'ensembles d'innovations. Ainsi, les crises auraient tendance à s'exprimer de manière plus dispersée, se focalisant sur un secteur, puis un autre.

Quant à la dernière caractéristique, celle de l'élargissement des espaces économiques, on constate qu'elle a atteint pour la première fois un palier exceptionnel. L'extension de l'espace du capitalisme mondial, celui de la "Triade", est en passe de rencontrer les limites propres à la planète, car les marchandises produites par l'économie mondialisée atteignent dorénavant les endroits les plus reculés et les plus pauvres du monde. Il est difficile d'imaginer que même dans un des pays les plus défavorisés, on ne trouve par exemple aucun ordinateur dans le secteur du transport aérien.

On a qualifié le processus de mondialisation, de remarquable révolution semblant conduire à un premier aboutissement de l'histoire humaine. On l'a fait parce que la mondialisation correspond au moment où les grandes caractéristiques de l'évolution économique sont en train de changer.

On a souligné également que les modifications de ces caractéristiques n'entamaient pas le fonctionnement de la principale loi d'évolution, celle de la recherche de gains de productivité. Par suite la contrainte d'un impératif technologique est toujours présente, et comme la caractéristique d'accélération est vérifiée de plus en plus nettement, la compétition technologique est encore plus manifeste : on l'a dit, après la crise des années 1970-1980, les années 1990 ont été témoins d'un retour rapide et incontestable de la suprématie technologique américaine. Et le besoin d'un impératif technologique se fait ressentir de manière encore plus évidente en Europe et plus particulièrement en France.

2 - APPARITION D'UNE TENDANCE VERS UN JAILLISSEMENT QUASI CONSTANT DE L'INNOVATION : UNE RÉVOLUTION TECHNOLOGIQUE ININTERROMPUE

On a constaté que l'histoire économique était illustrée par une alternance de phases d'innovations majeures suivies de phases de faible intensité d'innovations. Par suite, si les rythmes de l'évolution économique tendent vers des phases à durées de plus en plus courtes, la conséquence sera une confusion entre ces périodes et l'apparition d'un processus d'innovation ininterrompu. Des phénomènes de bulles financières peuvent accompagner le phénomène.

A - Alternance de phases d'innovations majeures et de phases de faibles innovations dans l'histoire économique

On s'est aperçu que tout au long de l'histoire économique, les grappes d'innovations majeures, celles qui ont modifié le mode de vie des hommes, sont apparues dans les périodes de crise économique. En effet, les crises ayant pour fonction de permettre un dépassement de limites de productivité atteintes en fin d'une période de prospérité, les nouvelles structures aptes à dépasser ces limites se mettaient en place en période de crise. Paradoxalement, les phases de prospérité se caractérisaient par peu d'apparitions d'innovations majeures. On a constaté cette alternance en étudiant les poussées de grandes innovations au XIXème siècle et dans les deux premiers tiers du XXème siècle. Les pics d'innovation correspondant à des révolutions technologiques sont bien le propre des moments de crise. Et les phases de prospérité, correspondant à une exploitation des technologies apparues pendant les crises et caractérisées par d'importants gains de productivité, sont pauvres en innovations.

Avec l'accentuation de l'accélération et la tendance à un resserrement des phases crises-prospérité, on conçoit que ce ne sera plus le cas. Il n'y aura plus de pauses dans l'apparition d'innovations et le mouvement deviendra ininterrompu.

B - Une révolution technologique de moins en moins interrompue

Pour vérifier cette nouvelle situation, celle d'un essor permanent de progrès technique et d'innovations, on dispose de plusieurs indicateurs. L'OCDE utilise celui de la part consacrée à la Recherche et Développement en pourcentage du Produit Intérieur Brut. La tendance est à la hausse aussi bien pendant les années 1970-1980, que pendant les années 1990. Quant au nombre des brevets déposés, il est également en hausse constante. On aboutit ainsi à des innovations apparaissant de manière continue, ce qui est confirmé si l'on examine les domaines significatifs de la révolution technologique mondialisante, ceux de l'électronique nécessaire aux technologies de l'information, des biotechnologies, des nouveaux matériaux, de l'énergie, des transports. L'exemple symbolique qu'on doit citer est celui du doublement périodique de la capacité de saisie de l'information par la puce de silicium, accompli depuis le début des années 1970. Souvenons-nous aussi de l'apparition des micro-ordinateurs, des magnétoscopes, des baladeurs, des CD, CD-ROM, DVD, téléphones cellulaires, d'Internet, des nouveaux médicaments et vaccins, des matériaux composites, de l'expansion du nucléaire, des TGV, des avions gros porteurs, des satellites commerciaux, etc.. Ainsi, des limites de gains de productivité pourraient être atteintes plus rapidement et de manière continue. Cette révolution technologique, devenue ininterrompue, commande en permanence des besoins en capital croissants. D'où un mouvement de concentration continu, observé pendant les années 1990, qui ont été les années des plus grandes fusions d'entreprises de l'histoire industrielle. Par exemple, dans l'aéronautique, aux Etats-Unis, celles des firmes Boeing et Douglas. Dans la pharmacie, en Suisse, celles des sociétés Ciba et Sandoz. Comme le mouvement de concentration induit un nécessaire élargissement des débouchés, le phénomène de multinationalisation-mondialisation s'est donc poursuivi. La CNUCED a recensé un nombre de soixante mille multinationales en 1996. Des difficultés ont été rencontrées pendant les années 1990 pour vérifier statistiquement les gains de productivité obtenus dans l'ensemble des pays industrialisés car les appareils statistiques ont du mal à s'adapter à la nouvelle réalité, mais le problème semble résolu. Et ces données ont été corroborées par celles des taux de rendement des firmes, qui avaient baissé depuis le tournant des années 1970. Elles ont atteint dans les années 1990 et pour certains secteurs de haute technologie des niveaux exceptionnels.

C - Révolution technologique ininterrompue et bulle financière au tournant du XXIème siècle

Les hauts niveaux de productivité et de profit dans les technologies de pointe ont fait naître un problème : les organismes gestionnaires de fonds, lorsqu'ils les placent dans le capital des firmes très rentables, ont pris l'habitude de recevoir des rémunérations de très haut niveau. Or, ces taux ne peuvent pas être aussi élevés dans tous les secteurs. Pourtant, certains organismes les ont exigés pour tous leurs placements. Et les gestionnaires de fonds de pensions anglo-saxons par exemple, ont poussé les firmes à dégager des rendements d'actions très élevés, sans rapport avec la réalité. Comme ils menaçaient de revendre la part de leur portefeuille placé dans les firmes, ces menaces ont parfois eu de l'effet et des rémunérations hors de proportion ont continué à être distribuées.

Puis, comme ces secteurs avaient atteint leurs limites de productivité, le surinvestissement dans ces domaines a engendré la formation d'une "bulle financière". Car il existe toujours un rapport entre les signes utilisés - titres boursiers ici - et la réalité. C'est ce rapport à la réalité qui entraîne, en cas de décollage de la valeur des titres boursiers, le dégonflement de la bulle spéculative. On s'est trouvé dans une situation de ce type après l'année 1999. Pendant la croissance des années 1990, principalement aux Etats-Unis, les rendements élevés ont attiré des capitaux dans les secteurs de pointe, ceux de l'information en particulier, appelés "Nouvelle Economie". A partir d'un moment, les possibilités technologiques se sont ralenties mais l'euphorie boursière s'est maintenue, poursuivant les pressions sur les rémunérations et entraînant une surévaluation des titres. Et logiquement, cette bulle financière a commencé à se dégonfler dès la fin 1999 et a continué à le faire de 2000 à 2003.

Au total, pour revenir au nouveau contexte apparu, on peut avancer que l'accélération technologique de plus en plus ininterrompue observée depuis le dernier tiers du XXème siècle oblige à tenir compte de la contrainte technologique de manière encore plus impérative qu'auparavant.

II - ACCÉLÉRATION TECHNOLOGIQUE ET IGNORANCE DE L'IMPÉRATIF TECHNOLOGIQUE : CHÔMAGE STRUCTUREL OU APPAUVRISSEMENT DANS LES PAYS DÉJÀ INDUSTRIALISÉS

Nous préciserons d'abord que la contrainte installée par l'accélération technologique est celle d'un impératif de haute technologie et de travail très qualifié. Nous montrerons ensuite que l'ignorance d'un tel impératif conduit à une alternative entre chômage ou pauvreté, car sans prise en compte de la double contrainte précédente, le retour au plein-emploi ne peut être qu'un mythe. Enfin, nous conclurons au besoin d'un modèle de société apte à mettre en œuvre l'impératif technologique.

1 - L'ACCÉLÉRATION TECHNOLOGIQUE INSTALLE UNE CONTRAINTE D'IMPÉRATIF TECHNOLOGIQUE NOUVELLE, COMPOSÉE DE HAUTE TECHNOLOGIE ET DE TRAVAIL TRÈS QUALIFIÉ

La révolution technologique ininterrompue qui se déroule depuis les années 1970 a imposé un impératif technologique permanent nécessitant le développement de technologies de pointe et d'avenir, qui ne peuvent être mises en œuvre que par des emplois très qualifiés, ceux que l'auteur américain Robert Reich, dans son ouvrage sur "L'Economie Mondialisée" appelle les manipulateurs de symboles - chercheurs, ingénieurs, concepteurs -[14].

Pourquoi constate-t-on, en début de XXIème siècle, en Europe et en France, une situation caractérisée par l'existence de plusieurs millions de chômeurs ou de

---

[14] Voir R. Reich, *L'Économie Mondialisée,*. Dunod, 1993.

personnes en état de précarité ? Parce que la "Révolution Technologique Mondialisante" en se poursuivant de manière ininterrompue, a pour résultat d'exclure de plus en plus de travail déqualifié dans les pays anciennement industrialisés, d'où une tendance à un chômage permanent ou à un accroissement de pauvreté.

Les crises économiques ont toujours été caractérisées par du chômage, mais le phénomène ne prenait des proportions inquiétantes que pendant le temps de la crise. Le terme de chômage est apparu depuis la Révolution Industrielle. On peut avancer qu'à partir de ce moment, les crises ont été accompagnées de misère comme auparavant, mais qu'elles ont plus particulièrement pris la forme du chômage. Après la crise, une amélioration se produisait et le chômage se faisait plus rare. Après celle des années 1930, la reprise de gains de productivité a fonctionné de manière spectaculaire de 1945 à la fin des années 1960. Pendant plus de vingt ans, s'est déroulée dans les pays industrialisés la plus grande croissance économique de tous les temps. Puis, on l'a dit, des limites de gains de productivité ont été atteintes. Une grande crise était nécessaire, apte à dépasser cette situation, ce qui n'était pas nouveau par rapport aux crises antérieures.

Mais un fait nouveau est apparu, celui de l'accélération de l'évolution technologique qui accompagne la "Révolution Technologique Mondialisante". Cette nouvelle dynamique a engendré l'accroissement d'écarts de technologie et de qualification à caractère permanent. Par suite, les chômeurs déqualifiés ont eu de moins en moins de chance de retrouver du travail et un chômage structurel s'est installé.

Un phénomène de d'exclusion était bien observé antérieurement, par exemple au XIXème siècle, qui se traduisait même par des mouvements de révolte des ouvriers contre les nouvelles machines. Mais les révoltés pouvaient se reconvertir après la crise, et retrouver un travail requalifié, dans une nouvelle période caractérisée par l'absence d'innovations majeures.

C'est n'est plus le cas en début de XXIème siècle, car la révolution technologique à caractère ininterrompue, qui requiert des innovations de haute technologie accompagnées de travail de plus en plus qualifié, élimine définitivement le travail peu qualifié. Ce processus détruit sans cesse les faibles qualifications, et le risque de chômage est devenu permanent.

Par exemple, et contrairement aux périodes de stabilité précédentes, on a assisté pendant les années 1990 à un mouvement important de fusions de grandes entreprises multinationales. Ces opérations ont été destinées à accroître le potentiel technologique et les absorptions de firmes les unes par les autres se sont traduites la plupart du temps par des licenciements. Et en pays industrialisés, même sans contexte de fusions, les grands groupes mondiaux procèdent à des réductions d'effectifs d'emplois peu qualifiés.

Il apparaît ainsi que la situation d'accroissement de chômage et de pauvreté est la conséquence de l'accélération des rythmes économiques et technologiques.

2 - L'IGNORANCE DE L'IMPÉRATIF TECHNOLOGIQUE : VERS UNE ALTERNATIVE CHÔMAGE-PAUVRETÉ. MYTHE D'UN RETOUR AU PLEIN-EMPLOI

Une ignorance de la réalité qui vient d'être décrite conduira à une perte de niveau de vie moyen dans les pays industrialisés, accompagnée de celle encore plus grave de la catégorie de la population en précarité ou en chômage. Il convient donc de mettre en place un dispositif apte à faire face à cette nouvelle situation. Mais lequel ? Avant de proposer notre vision dans une troisième partie, on réexaminera comment jusqu'alors le monde industrialisé a fait face à cette situation.

Pauvreté avec salaires faibles et précaires, et chômage sans perspectives de reclassement ont résulté de tous les fonctionnements de modèles de sociétés industrialisées, depuis les années 1970 jusqu'au début du XXIème siècle.

Si on laisse de côté des mesures de bricolage insatisfaisantes et sans grande cohérence qui ont pu découler de différentes interprétations de la crise, on a assisté pendant les trente dernières années du XXème siècle, à des réactions globales au chômage structurel, que certains auteurs ont tenté de résumer dans les années 1990 en termes de modèles de sociétés. Par exemple, un choix entre modèle anglo-saxon et modèle rhénan a été exposé pour la première fois dans un ouvrage de Michel Albert en 1991[15]. Cet auteur partait du constat qu'après l'effondrement du régime socialiste, on aurait pu penser qu'il ne demeurerait qu'un seul modèle, celui du capitalisme. Mais il remarquait que ce n'était pas le cas, car il lui semblait exister au moins deux options. On peut schématiser son propos en disant qu'on rencontre deux catégories de pratiques dans le capitalisme, celles du laisser-faire et celles de formes d'interventionnisme.

Effectuons, maintenant, un rappel des différents modèles de capitalisme.

DIFFÉRENTS MODÈLES DE CAPITALISME

Le premier modèle dit "anglo-saxon" serait défini par une conception individualiste et une vision à court terme des acteurs face au monde socio-économique. Il est nommé "anglo-saxon" par Michel Albert, parce qu'il est principalement illustré par les exemples américain et britannique.

---

15 Voir Michel Albert, *Capitalisme contre Capitalisme,* Le Seuil, 1991.

Un second modèle,- opposé au premier - comporterait chez ses sujets une conception de la société plus collective et une prévision des évènements économiques à long terme. Notre auteur a nommé ce modèle "capitalisme rhénan", parce qu'il s'illustre par des exemples de pays situés autour du Rhin comme l'Allemagne, l'Autriche, la Suisse. Mais Michel Albert a classé également le Japon dans ce modèle.
Il existe d'autres typologies de modèles de capitalismes, variantes au sens large du modèle rhénan. Plusieurs études de Robert Boyer y sont consacrées[16]. On peut en extraire des exemples. Le modèle "méso corporatiste", sous-modèle du modèle "rhénan", serait illustré par le cas japonais. Il se définit par des actions de coordination entre principaux acteurs économiques, dirigeants de grandes entreprises, main-d'œuvre qualifiée, système éducatif, banques. Cette configuration permet une vision à long terme des investissements, et par suite une spécialisation dans les secteurs à fortes économies d'échelle comme l'électronique grand public, la robotique. Il a cependant fait preuve d'un certain essoufflement depuis la seconde moitié des années 1990.
D'autres sous-modèles ont été proposés : le "social-démocrate", autre variante "rhénane" pour lequel on donne l'exemple suédois, se caractérise par une négociation entre patronat, syndicats, et Etat, laquelle assure compétitivité, accroissement du niveau des revenus et faible éventail entre ceux-ci. Ce sous-modèle s'est trouvé remis en question dans les années 1990.
Pour Robert Boyer, le cas allemand n'appartient pas au modèle rhénan. Il s'agirait d'une forme mixte, située entre le modèle social-démocrate et un dernier modèle, dit à "impulsion étatique". Mais l'exemple allemand serait lui aussi entré en crise à partir du milieu des années 1990. Quant au cas français, il appartiendrait à la catégorie la plus interventionniste, celle à "impulsion étatique". Propre aux pays latins, se caractérisant par un rôle beaucoup plus organisateur de l'Etat du fait de la relative impuissance des autres acteurs économiques, ce sous-modèle serait par suite capable d'accomplir de grands travaux d'infrastructure collective, tels les trains à grande vitesse, l'industrie spatiale, les télécommunications. Ce cas de figure, qualifié de "modèle européen sclérosé" au début des années 1990, est celui qui paraît engendrer les plus hauts taux de chômage dans l'ensemble des pays industrialisés.

---

16 Voir B. Amable, R. Barré, R. Boyer, *Les Systèmes d'Innovation à l'Ère de la Globalisation,* Economica, 1997.

Il a semblé que le modèle libéral ou "anglo-saxon" était le plus efficace pour résoudre le problème de l'emploi, sachant qu'il avait obtenu de meilleurs résultats - illustrés par les chiffres de l'emploi aux Etats-Unis ou en Grande-Bretagne dans la seconde moitié des années 1990 - que l'ensemble des modèles interventionnistes mis en œuvre en Europe continentale. Caractérisé - à première vue - par un plus faible niveau d'intervention étatique que les autres, il aurait été celui s'adaptant le mieux à la mondialisation. En effet, sur l'espace mondial en voie d'homogénéisation, les technologies de pointe et les hauts niveaux de qualification sont fortement rémunérés, et les technologies à faible productivité accompagnées de faibles niveaux de qualification sont peu rémunérées. Robert Reich, dans son ouvrage sur l'"économie mondialisée", a distingué trois catégories de métiers propres à la période 1945-1970 : les travailleurs routiniers - peu qualifiés - les aides personnels - peu qualifiés également - et les "manipulateurs de symboles" - très qualifiés -. Après 1970, dans un contexte de mondialisation croissante, il constate que la première catégorie est appelée à disparaître, la seconde à voir ses revenus diminuer, et la troisième à posséder l'avenir devant elle. On comprend que les pays qui, par option libérale, laissent chez eux les conditions mondiales s'imposer, sont - pour peu qu'ils disposent d'atouts technologiques - en bonne adéquation à ces données : ils bénéficient des opportunités de leurs technologies avancées, tout en permettant des activités déqualifiées qui sont rémunérées à un faible coût. Par contre, les pays moins libéraux qui freinent la pénétration des conditions mondiales sont victimes du poids d'un travail déqualifié à coût élevé, sanctionnés par de forts taux de chômage qui sont également coûteux. Mais le choix libéral implique une situation sociale inacceptable, et aux Etats-Unis où l'on assiste à un accroissement des écarts entre revenus du travail très qualifié et revenus du travail peu qualifié, les prédictions de Robert Reich selon lesquelles les riches deviennent plus riches et les pauvres plus pauvres, sont vérifiées. Là réside le gros handicap du modèle anglo-saxon.

Existe-t-il un modèle français spécifique de lutte contre le chômage ? Un rappel des mesures prises dans les dernières années du XXème siècle et au début du XXème siècle permet de répondre.

UN MODÈLE FRANÇAIS ?

Existe-t-il une spécificité d'un modèle français dans son rapport au chômage. En France, ont été expérimentés durant près de trente ans, un peu tous les moyens utilisés en Europe. On a pu noter l'adoption de mesures diminuant le montant de la population active, des mesures abaissant le coût salarial, d'autres encourageant la formation professionnelle, d'autres aménageant le temps de travail, d'autres favorisant les emplois temporaires publics ou associatifs, d'autres encore incitant à la création d'entreprises[17]. Mais ce modèle présente-t-il une originalité ? Après la victoire de la Gauche en 1997, les pouvoirs publics ont particulièrement insisté sur deux modalités : un aménagement du temps de travail - passage à la semaine de trente-cinq heures - et des emplois temporaires - développement d'emplois jeunes". Sur le plan économique, une réduction du temps de travail dans un espace économique donné doit se produire après le constat que des gains de productivité y ont été supérieurs à ceux des autres espaces économiques. Sinon, les activités de cet espace perdent de leur compétitivité. Il ne semble pas qu'entre la France de fin de XXème siècle et les autres pays industrialisés un écart spectaculaire de gains de productivité se soit creusé. L'Etat a financé la différence, en payant lui-même les quatre heures que chaque salarié n'accomplit plus. Quant aux emplois jeunes, tout dépend du choix du lieu d'emploi. Si, à la fin du contrat, le jeune est embauché pour la même

---

[17] Voir J.-C. Barbier, *Les Politiques de l'Emploi en Europe,* Flammarion, 1997.

tâche ou une tâche voisine, le pari est gagné. Par contre, - cas malheureusement le plus vraisemblable - si le jeune se retrouve en chômage, le remède n'aura été que passager. Certains auteurs ont pensé qu'une chute démographique prévue en France pourrait faire baisser le niveau des demandeurs d'emploi. Il faut bien comprendre que le problème du chômage n'est pas celui de l'adaptation d'une offre de main-d'œuvre active définie par sa quantité, à un niveau de demande d'emploi, également défini quantitativement. On a essayé de le montrer, le chômage structurel tel qu'il est apparu résulte de l'inadaptation du niveau de qualification d'une catégorie de main-d'œuvre au niveau de technologie du moment. On perçoit immédiatement que même dans un contexte de baisse démographique, le niveau du chômage pourra très bien rester constant ou même s'accroître, pour peu que le niveau de qualification d'une partie de la main-d'œuvre soit insuffisant et que cette part s'accroisse.

A la fin des années 1990, on a parlé d'une possibilité pour le modèle français d'assurer un retour au plein-emploi. Qu'en penser ?

Le plein-emploi correspond à la situation où l'ensemble de la population active qui le demande parvient à trouver un emploi, car il existe toujours un petit pourcentage qui refuse de travailler. C'est son droit, de même que ceux qui en cherchent y ont également droit. On considère donc que le plein-emploi est atteint lorsque tout le monde est satisfait. Lorsque ce n'est pas le cas, on se trouve face à deux situations possibles. Soit le chômage dépend d'une mauvaise conjoncture, - chômage conjoncturel - mais les demandeurs d'emploi ont la qualification requise pour retrouver du travail, et c'est ce qui se produira dès que la mauvaise période conjoncturelle sera dépassée. Soit les demandeurs d'emploi, insuffisamment adaptés aux besoins de l'économie, ne trouveront pas de travail lorsque la situation s'améliorera - chômage structurel -. Malheureusement le retour au plein-emploi ne s'est pas produit en France, au début des années 2000, et la situation de l'emploi a au contraire recommencé à se dégrader.

Au total, quel jugement porter sur les mérites respectifs des différents modèles de capitalisme, particulièrement sur leurs aptitudes dans le domaine de l'emploi ou de la pauvreté ? Il a été dit que le modèle le plus efficace en termes d'emploi était le modèle anglo-saxon, tourné vers les marchés et le profit immédiat. On a souligné que même s'il était le mieux adapté à la mondialisation, il était le moins satisfaisant socialement, car générant de la pauvreté. On l'a vu, la mondialisation pousse à l'homogénéisation des anciens espaces économiques nationaux et appauvrit la partie déqualifiée de la population car les implantations réciproques de firmes et banques multinationales dans l'ensemble des pays industrialisés obligent à un abaissement des barrières douanières. Ce qui entraîne, entre autres conséquences, une égalisation par le bas des niveaux de salaires déqualifiés. Ceux-ci s'ajustent donc sur ceux des pays en voie d'industrialisation. La "Révolution Technologique Mondialisante" ayant tendance à détruire le travail peu qualifié dans les anciens pays industrialisés, celui-ci ne peut continuer à exister que dans les pays en voie d'industrialisation où les coûts de main-d'œuvre sont beaucoup plus faibles. On assiste à des délocalisations et le chômage s'accroît. Dans les modèles qui refusent le coût du chômage, les salaires de la main-d'œuvre déqualifiée baissent et les travailleurs peuvent retrouver du travail sur place en acceptant une baisse de niveau de vie. Ils subissent un appauvrissement comme aux Etats-Unis. Robert Reich a très bien décrit la situation. Les travailleurs et les employés voient leurs revenus diminuer, alors que les "manipulateurs de symboles", très qualifiés, sont de mieux en mieux rémunérés. Rappelons que ce modèle doit posséder un potentiel technologique, et il convient de remarquer que contrairement à ce qu'annonçait Michel Albert dans sa définition du modèle anglo-saxon, cet atout ne résulte pas du fonctionnement à court terme des marchés. C'est par un interventionnisme réel et efficace que par exemple, aux Etats-Unis, pendant les années 1980-1990, des programmes fédéraux ont été développés dans le domaine des technologies de pointe et qu'une prévision à long terme de l'avenir technologique a été en permanence présente dans ce pays.

On constate donc interventionnisme et vision à long terme dans le modèle anglo-saxon illustré pas le cas américain. Le modèle anglo-saxon qui semble s'imposer, grâce au cas américain, est donc un faux modèle anglo-saxon au sens de Michel Albert. Ce cas spécifique, interventionniste dans le domaine technologique et libéral dans le domaine social -, est celui qui fonctionne aux moindres coûts économiques, et a donc tendance à éliminer les autres modèles par exemple de type rhénan, car ceux-ci ont perdu leurs qualités propres : comble du paradoxe, les exemples illustrant le modèle rhénan ou ses sous-produits, se sont caractérisés pendant les années 1990 par une absence de vision technologique à long terme, et un interventionnisme de plus en plus inexistant. Un niveau de chômage structurel important, engendré par la révolution technologique s'est maintenu. Et pendant les dernières années du XXème siècle, tous les modèles, sous-produits de près ou de loin du modèle rhénan, n'ont plus disposé des atouts censés faire leur force. Les pays européens n'ont plus développé de vision à long terme technologique. La France a abandonné la conception de grands programmes - par exemple du type TGV ou Airbus - qui faisaient son originalité. Les pays d'Asie industrialisée ont été occupés, après 1997, à restructurer leur appareil productif. On peut avancer ainsi que les modèles rhénans, surtout européens, sont également devenus de faux modèles, car ils ne possèdent plus les qualités qui, par définition, faisaient leur force.

Au total, en fin de XXème siècle, un faux modèle anglo-saxon l'a emporté sur un faux modèle rhénan !

On a donc assisté pendant les années 1990 à une croissance sous domination américaine indiscutable. Et même après la nouvelle crise des années 2000, la toute puissance technologique de ce pays demeure inégalée.

Pour résumer, un espace économique mondialisé continue à se développer - celui de la "Triade" -, ayant pour acteurs de grandes firmes de haute technologie qui se concentrent de plus en plus pour suivre un processus d'innovation ininterrompu. Salaires très qualifiés et profits élevés sont les types de revenus qui caractérisent ce secteur, où la richesse s'accentue.

Toujours dans cet espace mondialisé, mais à l'autre borne, on trouve les secteurs exclus par la Révolution Technologique Mondialisante, à travail peu qualifié dont la rémunération tend à s'aligner vers un niveau mondial qui est bas.

Ainsi, dans l'espace économique en voie de constitution depuis les années 1970, il y a donc une tendance à une forte polarisation vers des lieux à richesse élevée d'un côté, et des groupes sociaux à grande paupérisation de l'autre.

Notons que ce processus est propre aux pays industrialisés, mais que si l'on se tourne vers l'ensemble du monde, on retrouve de même manière une exclusion des pays pauvres de l'espace de l'économie mondialisée.

En France ou en Europe continentale, quelles solutions, quel modèle proposer ? Recréer un énorme secteur public ? Une intervention étatique n'est plus possible, car la taille des firmes est trop grande. En effet, la connaissance des grandes caractéristiques de l'évolution économique nous a appris qu'à chaque époque du développement du capitalisme correspond en moyenne, un type de technologie, une taille de firme, et un espace de débouchés des marchandises. On a évoqué cette réalité dans notre première partie. Dans l'étape de mondialisation d'après les années 1980-1990, la taille requise des firmes est trop importante pour que le capital public des pays européens par exemple, puisse s'y investir. Si l'on a beaucoup privatisé dans les années 1980-1990, ce n'a pas été pour des raisons idéologiques, mais parce qu'aucun Etat n'avait plus les moyens de financer un ensemble public composé de firmes de taille mondiale. Il en a résulté un rétrécissement spectaculaire du secteur public industriel dans les pays qui en possédaient un. Et les modèles étatiques à l'ancienne manière ont été définitivement condamnés.

La solution consiste donc à tenter d'imaginer un autre type de modèle qui remédie à l'insatisfaction procurée par les résultats des modèles existant, ou encore qui obéisse à la contrainte d'"impératif technologique" et refuse chômage ou pauvreté.

Sans l'effort de construction d'un modèle différent, on retombera sur des mesures de bricolage, de type "partage du travail" et "emplois jeunes" précaires, qui n'auront aucun effet positif. N'insistons pas sur les thèses proposant le remplacement de l'emploi par l'"activité", ou celles de la "fin du travail". Quant à celle de l'accroissement de "nouvelles activités", nous savons que c'est par l'intermédiaire du travail que l'homme appartient à la société et qu'il contribue à la recherche de gains de productivité. Un emploi valorisant pour tous devrait être un droit élémentaire. Que signifie donc "activités" ? De nouvelles formes de travail apportées par la "Révolution Technologique Mondialisante" ? Alors, continuons à appeler cela du travail. De même, la théorie d'un remplacement définitif du travail salarié par les activités d'une multitude de travailleurs indépendants demande à être étayée : comment des travailleurs indépendants pourraient-ils faire fonctionner une centrale nucléaire ou la SNCF ? Pour espérer retrouver un niveau de travail proche du plein-emploi, il convient donc de chercher des solutions originales répondant aux contraintes que l'on se fixe.

3 - NÉCESSITÉ D'UN MODÈLE D'IMPÉRATIF TECHNOLOGIQUE

Pour s'attaquer aux problèmes d'emploi du XXIème siècle, trois types de situations sont donc possibles. Soit on suit la tendance mondiale en acceptant la pratique anglo-saxonne avec le risque d'appauvrissement d'une partie de la population. Soit on accepte un niveau de chômage structurel persistant comme dans le cas européen. Soit on recherche une troisième voie par un modèle qui sera esquissé dans la dernière étape de notre démarche.

Il convient de refuser le dilemme entre d'une part faible développement technologique et chômage assisté, et d'autre part bonnes conditions pour des technologies de pointe mais appauvrissement d'une partie de la population.

En repoussant le bilan négatif de modèles aboutissant à travail déqualifié appauvrissant et chômage structurel permanent, on a besoin d'une autre conception se donnant les moyens d'éliminer ces deux inconvénients. Et comme on l'a posé, l'impératif technologique doit être au cœur de ce modèle.

Pour cela, il convient d'installer une dynamique de requalification, cohérente avec cet impératif, un mouvement s'effectuant de manière permanente, car la dynamique d'évolution technologique étant comme on l'a dit constante, de nouvelles vagues de déqualification apparaissent de manière continue. D'où nécessité d'adaptations permanentes. Imaginer le retour d'un plein-emploi automatique, comparable à celui des pays industrialisés des années 1945-1970, est interdit. Cette période a représenté l'apogée d'une efficacité économique réalisée dans l'espace économique restreint de l'Etat-Nation industriel. Cette situation de surpuissance s'était même traduite par un débordement des possibilités de plein-emploi national. On assistait à un excès d'offre d'emploi, puisqu'il avait fallu attirer de la main-d'œuvre étrangère en provenance de pays périphériques pour que l'adaptation aux besoins du moment soit réalisée. Mais des limites de productivité ont été atteintes à la fin des années 1960, suivies par la "Révolution Technologique Mondialisante". On est entré dans un nouveau monde qui ne reviendra plus en arrière, situation irréversible propre à beaucoup de dynamiques évolutives.

Le constat effectué jusqu'alors pousse à imaginer une voie originale prenant complètement en compte la nouvelle contrainte d'impératif technologique issue de la mondialisation.

Pour que de bonnes conditions technologiques soient réunies, on doit d'abord favoriser une attitude tournée vers la connaissance de l'avenir, donc vers une prospective, c'est-à-dire vers la prise en compte des technologies d'avenir. Ensuite, pour pouvoir exploiter cette vision, il faut une forte proportion de travailleurs qualifiés. Ce n'est pas en n'importe quel lieu qu'une technologie peut se développer. Des conditions locales doivent être présentes, par exemple des universités, des centres de recherche. Puis, d'autres moyens comme ceux de modes de financement appropriés ne doivent pas manquer.

Ainsi, un modèle "idéal" doit inclure une composante prospective et une composante organisationnelle.

S'agit-il d'un retour à des formes de planification ? Si prévoir à long terme signifie planifier, l'Etat Fédéral américain le fait en impulsant de grands programmes de recherche technologique. Prévoir à long terme renvoie à la prospective et non à la planification. Et la dimension prospective doit se combiner avec l'organisation de bonnes conditions économiques.

Au total, concluons que la mise en œuvre d'un impératif technologique visant à un nouveau plein-emploi, résulte de la nécessité de répondre aux défis de l'accélération technologique apparue en fin de XXème siècle. Elle doit permettre d'éviter la situation de chômage structurel ou de pauvreté, qui résulte dans les pays déjà industrialisés, d'une ignorance des enjeux apparus avec la mondialisation économique.

Ajoutons que les pays nouvellement industrialisés, par exemple ceux d'Asie, qui bénéficient de bas coûts de main-d'œuvre et utilisent une main-d'œuvre peu qualifiée pour s'industrialiser, prennent très vite conscience de la nécessité d'un impératif technologique et vont très vite devenir des concurrents disposant de technologies d'avenir et de travail très qualifié.

TROISIÈME PARTIE : METTRE EN ŒUVRE L'IMPÉRATIF TECHNOLOGIQUE. PROPOSITIONS POUR CRÉER RICHESSE ET EMPLOI

Une action collective est donc nécessaire pour mettre en œuvre un impératif technologique qui réponde aux conséquences de la "Révolution Technologique Mondialisante".

D'abord, comment agir en ce sens alors que la pensée dominante dans le monde du début XXIème siècle est celle du libéralisme, c'est-à-dire du laisser-faire, ou encore du non-interventionnisme ? Il faudra nous situer par rapport à la théorie libérale en énonçant que celle-ci représente un danger, celui d'une idéologie du statu quo. On en déduira le besoin d'une action collective nécessaire, mais dans quel cadre ?

On prendra alors conscience de l'apparition d'une nouvelle configuration d'espaces économiques. En effet, l'ancien espace de l'Etat-Nation n'est plus unique, et là où un seul espace était la référence, la mondialisation en a ajouté trois nouveaux. On se trouve maintenant face à quatre types d'espaces économiques : les niveaux mondial, continental, national, et local-régional.

Enfin, à partir de là, on proposera une série d'actions "collectives" susceptibles d'agir sur le plus grand nombre de niveaux du nouveau paysage mondial. On concevra ainsi la mise en œuvre d'un impératif technologique de manière à aboutir à un modèle de société ayant pour but d'éviter chômage ou pauvreté.

I - DANGER DE LA PENSÉE LIBÉRALE, IDÉOLOGIE DU STATU QUO

Nous verrons d'abord comment l'ignorance de la manière dont fonctionne un ensemble économique conduit au faux débat entre libéralisme ou interventionnisme. Pour cela, nous rappellerons à ce propos comment le libéralisme économique est une idéologie du statu quo au service de positions dominantes. Nous nous prononcerons enfin pour un type d'actions collectives qui correspond à la situation étudiée.

1 - LE FAUX DÉBAT LIBÉRALISME-INTERVENTIONNISME DÉCOULE D'UNE IGNORANCE DU FONCTIONNEMENT D'UN ENSEMBLE ÉCONOMIQUE

Mettre en œuvre un impératif technologique signifie-t-il qu'on fait le choix de l'interventionnisme ? Risque-t-on de courir alors un grand danger puisqu'on sait que la pensée économique libérale conseille de laisser fonctionner les marchés. Car dans le cadre libéral, ceux-ci sont censés être par eux-mêmes les meilleurs lieux de création de richesse.

Il convient de s'interroger sur le terme ambigu de "marché" et pour cela de rappeler comment s'établit la cohérence d'un ensemble économique.

STATUT DE L'INDIVIDUEL ET DU COLLECTIF DANS UN ENSEMBLE ÉCONOMIQUE

En schématisant, on peut décrire un ensemble économique de la manière suivante : des unités économiques - entreprises - produisent des biens ; la production permet de créer des revenus, lesquels sont répartis entre d'autres unités - salariés, détenteurs d'actions etc..- qui consomment ou épargnent.

L'ensemble du processus est réalisé par des unités économiques "individuelles" - entreprises, salariés, consommateurs etc. Mais pour que le monde économique formé par toutes ces unités "individuelles" fonctionne, il faut une structure "collective" qui organise le fonctionnement de toutes les unités "individuelles". Chaque période historique et chaque type d'ensemble économique ont connu une articulation entre unités économiques "individuelles" et structure "collective". Dans les villages Néolithiques, les paysans - unités "individuelles"- étaient organisés par un chef de village ou un conseil des anciens. Dans les empires de l'Egypte, de la Mésopotamie, de l'Inde, de la Chine, la structure "collective" était celle d'un Etat ayant à sa tête un "despote oriental", pharaon, empereur, gérant une classe de scribes ou de fonctionnaires.

Le rôle de la structure "collective" consiste à organiser la cohérence de l'ensemble des unités "individuelles".

La recherche de gains de productivité étant la contrainte motrice de l'évolution économique, l'organisation "collective" de l'ensemble des unités "individuelles" d'une société doit toujours avoir pour but la mise en œuvre d'un impératif technologique. Si la société ne se fixe pas cet objectif, elle prend le risque de ne plus se situer à une place satisfaisante de la hiérarchie économique.

Remarquons que la pensée libérale apparue après la Révolution Industrielle et représentée depuis la fin du XIXème siècle par le courant dit Néoclassique, ne présente pas la réalité de cette manière. Pour elle le monde économique se résume à un ensemble de "marchés" interdépendants et en équilibre, dont le fonctionnement harmonieux ne doit pas être dérangé sous peine de mettre en péril un "optimum" atteint de lui-même.

Dans cette vision, aucune structure "collective" organisatrice ne doit jouer de rôle, sinon celui de faire respecter le bon fonctionnement des "marchés". Ce rôle collectif minimum n'est d'ailleurs pas défini puisque le passage de l'"individuel" au "collectif" s'effectue lors d'une opération inexpliquée qualifiée de "*no-bridge*".

Comme on l'a compris, la pensée libérale exclut toute conception "individuel-collectif" qui aboutisse par exemple à préconiser la mise en œuvre d'un impératif technologique.

Un ensemble économique ne fonctionne que parce qu'il existe une articulation cohérente entre les structures "individuelles" d'une part, et une structure "collective" d'autre part. Celle-ci a pour tâche d'organiser les structures "individuelles". En Europe, depuis la Révolution Industrielle et jusqu'à la mondialisation des années 1970, c'est l'Etat - celui de l'Etat-Nation - qui a été la structure "collective" organisatrice des unités économiques "individuelles".

De la période "Mercantiliste" du XVIème siècle en Grande-Bretagne, jusqu'au XXème siècle, un Etat a existé dans chaque pays industrialisé, qui a organisé la vie économique en général et les "marchés" en particulier.

Il est donc faux de faire croire que les "marchés" ont été des créations jaillies spontanément et fruits de leur auto-organisation.

Ainsi, l'opposition entre "libéralisme" où aucune structure n'interviendrait pour organiser la vie économique, et "interventionnisme" où un Etat bureaucratique bloquerait le bon fonctionnement des "marchés", est une pure invention de théoriciens que la réalité économique n'intéresse pas. Le débat entre "libéralisme" et "interventionnisme" est donc un faux débat. Un Etat qui a toujours été présent pour organiser les "marchés" peut se manifester à nouveau si leur fonctionnement ne convient plus à la société. L'exemple des Etats-Unis d'Amérique en fin de siècle, illustre bien cette situation. L'administration de ce pays, dont les discours sont généralement porte-parole du libéralisme, a mis en place depuis les années 1980 des programmes fédéraux appliquant des mesures de type "impératif technologique".

L'ACTION ÉCONOMIQUE COLLECTIVE AUX ÉTATS-UNIS

A partir du début des années 1980, aux Etats-Unis, dès la première présidence Reagan - homme politique pourtant présenté comme porte-parole d'une "révolution libérale" -, des programmes fédéraux ont été développés, destinés à favoriser l'essor de nouvelles technologies. Il s'est agi d'abord de cofinancer avec les entreprises des perspectives d'innovation à caractère civil ou dual - militaire et civil - par les agences gouvernementales concernées. Egalement, de mettre en place des programmes inter-agences, à destination des PME, des universités, et des laboratoires fédéraux.

Cette dynamique a été relayée par une prise de position du milieu universitaire, par exemple par la publication en 1989 de l'ouvrage "Made in America", plaidoyer pour une diffusion active des technologies d'avenir[18].
Une impulsion supplémentaire a été donnée par un accroissement des dépenses militaires au début des années 2000.
Depuis 1986 - toujours sous la présidence Reagan - un Conseil pour la Compétitivité, composé d'industriels, de syndicalistes, et d'universitaires, est chargé d'examiner la situation de la compétitivité américaine par rapport au reste du monde. En 2004, cet organisme a publié un rapport intitulé "Innovate America" recommandant pour le XXIème siècle de mobiliser l'ensemble de la société américaine vers l'innovation. Dans cette dynamique, une place importante est reconnue au secteur public.

La politique suivie aux Etats-Unis depuis les années 1980 a permis à ce pays de creuser à nouveau l'écart avec le reste du monde.
La question à poser maintenant est la suivante : pourquoi la pensée économique "libérale" est-elle toute puissante dans le monde du début du XXIème siècle, alors qu'elle ne rend pas compte de la réalité des faits économiques ?
Il est certes exact que la mondialisation économique, en poussant à l'abaissement des barrières douanières nationales, est un facteur de "libéralisme" dans les relations commerciales internationales. Mais mise à part cette unique réalité, le pourquoi de la puissance de la pensée "libérale" ne peut trouver sa réponse que dans le rôle idéologique que ce courant joue.

2 - LE "LIBÉRALISME", IDÉOLOGIE DU STATU QUO AU SERVICE DES POSITIONS DOMINANTES

Si l'on jette un bref regard à l'histoire de la pensée économique, on constate que depuis la Révolution Industrielle du XVIIIème siècle, les auteurs appartenant à

[18] Voir P. Chemla, M. Dertouzos, R. Lester, R. Solow, *Made in America,* Intereditions, 1990.

des pays situés en haut de hiérarchie économique mondiale ont produit la plupart du temps des théories "libérales". Par contre, c'est dans les pays qui voulaient rattraper leur retard technologique, que se sont plus fréquemment exprimé des courants de pensée préconisant des "impératifs technologiques". La Grande-Bretagne a été Mercantiliste, c'est-à-dire "interventionniste", aux XVIème et XVIIème siècles, quand les marchands Hollandais dominaient l'Europe. Par contre, au XIXème siècle, quand elle-même a dominé le monde, elle a diffusé la pensée classique de Ricardo, c'est-à-dire le premier type de pensée "libérale". De même, les Etats-Unis étaient protectionnistes au XIXème siècle, mais sont devenus "libéraux" au XXème et au XXIème siècles, lorsqu'ils ont atteint le haut de hiérarchie technologique mondiale. Et on a vu plus haut comment en réalité l'Etat fédéral américain jouait toujours son rôle de promoteur "collectif" de l'impératif technologique. Il apparaît ainsi que le "libéralisme", tout en ne présentant aucun intérêt en tant que théorie explicative de la réalité, joue cependant un rôle important en tant qu'idéologie du statu quo. Si un pays a atteint une position dominante grâce à une action "collective" appropriée, il n'a pas intérêt à ce que les pays concurrents le rattrapent grâce à d'autres actions "collectives" appropriées. Des théoriciens originaires du premier pays prescriront donc aux responsables "collectifs" des autres pays de laisser leurs "marchés" fonctionner tout seuls, c'est-à-dire de ne surtout pas agir sur ceux-ci. La théorie "libérale" est bien une idéologie au service de positions dominantes.

3 - POUR UN FONCTIONNEMENT COLLECTIF ADAPTÉ AU CONTEXTE D'ACCÉLÉRATION DE LA MONDIALISATION ÉCONOMIQUE

Dans l'histoire humaine, les sociétés ont toujours eu à effectuer des choix. On pense avoir fait suffisamment de chemin dans notre démarche pour expliquer que la voie que l'on préconise en début de XXIème siècle, en Europe - et plus particulièrement en France - est celle d'un impératif technologique. Le choix se situe donc entre, d'une part la construction d'un modèle économique et social adapté à cet objectif, et d'autre part une démission "collective" aboutissant au statu quo des "marchés", avec comme conséquence, un déclin économique accompagné de l'alternative, voire la complémentarité chômage pauvreté.

Mais tout modèle se construit dans un cadre et les cadres changent au cours de l'évolution économique. La mise en œuvre d'un impératif technologique au XXIème nécessite de savoir dans quel contexte celui-ci doit s'appliquer.

Or le cadre de la mondialisation économique est complètement nouveau par rapport à celui de l'Etat-Nation qui était celui des précédents siècles. C'est ce dont nous allons nous préoccuper maintenant.

II - APPARITION DE QUATRE TYPES D'ESPACES ÉCONOMIQUES DANS LA MONDIALISATION ÉCONOMIQUE

Pour décider comment mettre en œuvre un impératif technologique, il faut connaître les lieux où une organisation "collective" agissant en vue de cet objectif pourra agir.

Or, le processus d'évolution qui a conduit à la mondialisation a produit un autre résultat remarquable, celui de multiplier le nombre des espaces économiques. On va découvrir ici comment se superposent plusieurs lieux d'articulation entre "individuel" et "collectif".

En émergeant, l'espace mondial a remis en question le rôle de référence quasi unique joué par l'Etat-Nation depuis la Révolution industrielle. Mais cette nouvelle

réalité n'a pas entraîné une disparition de la fonction de l'espace national.
De plus, deux autres types d'espaces économiques sont apparus : l'un au niveau continental et l'autre au niveau local-régional.
Il convient alors de comprendre que dans cette nouvelle configuration, chaque niveau a son propre rôle à jouer.

1 - APPARITION ET INTÉRÊT D'UNE ARTICULATION ENTRE NIVEAUX MONDIAL, CONTINENTAL, NATIONAL, LOCAL

Comment trois nouveaux types d'espaces économiques sont-ils apparus pour s'articuler au précédent ? Alors qu'à des vitesses variées dans les pays industrialisés depuis le Moyen Age s'était installé un espace économique de type national, on a assisté après 1970 à une multiplication par quatre des niveaux spatiaux : à l'espace national, il a fallu additionner le mondial, mais auparavant en Europe par exemple, était apparu un espace de type continental ; enfin un quatrième type d'espace, infra-national, le local-régional, a pris une place définitive dans le paysage des Etats-Nations industrialisés. Cette nouvelle configuration s'explique par une tendance à la complexité croissante propre à tous les processus évolutifs. On le constate en étudiant l'évolution des sociétés humaines vers la Révolution Néolithique, puis la Révolution Industrielle, puis la "Révolution Technologique Mondialisante". La définition d'une évolution vers la complexité est celle d'un ensemble dont le nombre d'éléments s'accroît en même temps que le nombre de liens entre ses éléments. Il résulte de cela que chaque nouvel état aboutit à un degré d'organisation plus efficace.

Nous devons donc garder en tête cette définition. Sixième définition :

ON ENTEND PAR COMPLEXITÉ CROISSANTE - OU COMPLEXIFICATION - L'ACCROISSEMENT DU NOMBRE DE SES ÉLÉMENTS, AINSI QUE DU NOMBRE DES RELATIONS ENTRE SES ÉLÉMENTS.

La mondialisation économique a donc installé une plus grande complexité économique. L'exemple de l'entreprise, devenue multinationale, permet de le vérifier. On a assisté à une multiplication des éléments de sa structure, par exemple de ses unités de production, de ses filiales etc., ainsi qu'à un accroissement des liens entre eux, par exemple entre ses unités de production, ses filiales etc.

Si l'on prend le cas des espaces économiques, on constate que cette donnée spatiale s'est également complexifiée. On n'a pas assisté à un remplacement progressif de l'espace de l'Etat-Nation par celui de l'espace mondial, mais l'espace national s'est maintenu et en plus ce maintien s'est accompagné du développement de deux autres catégories, celle du continental et celle du local régional.

D'une manière générale, en s'accroissant, la complexité permet de faire fonctionner la totalité d'un ensemble de manière plus efficace. Dans le cas d'un ensemble économique, les quatre nouveaux niveaux, s'ils sont bien articulés entre eux, génèrent une qualité de production bien meilleure que celle qui était effectuée sur un seul type d'espace, dans notre cas le national.

Tous les produits issus de la "Révolution Technologique Mondialisante", ordinateurs, fusées spatiales etc. sont des illustrations en fin de XXème et en début de XXIème siècle de la loi de recherche de gains de productivité par les sociétés humaines, à l'étape plus complexe de la mondialisation.

2 - COMPLEXITÉ CROISSANTE ET IMPORTANCE DE CHAQUE NIVEAU

Il convient de préciser qu'aucun niveau n'est plus important qu'un autre dans un processus de complexité croissante, car chacun joue son rôle à son échelle. Par contre un niveau d'action peut être plus approprié qu'un autre en raison du but recherché. On peut intervenir sur le niveau le plus bas, sur un niveau intermédiaire, sur l'ensemble des niveaux.

Le problème est posé pour mettre en application un impératif technologique. De l'époque de la Révolution Industrielle jusque vers 1970, la question du niveau d'une intervention était superflue. C'était dans le cadre de l'Etat-Nation, pris ou non dans sa globalité, que les actions s'effectuaient.

Or chacun des quatre nouveaux niveaux d'espaces économiques apparus dans la mondialisation présente ses propres spécificités.

Le niveau mondial est le lieu d'action des firmes et banques multinationales. Ce sont elles qui structurent l'économie mondiale, et qui sont les vecteurs de la mondialisation. On a vu qu'elles ne pouvaient pas se développer dans n'importe quelles conditions. Il leur faut par exemple un environnement indispensable de libre circulation des marchandises et des capitaux. Une organisation mondiale œuvre en ce sens, l'OMC qui a succédé au GATT en 1994.

Le niveau continental s'illustre par le cas européen qui avait commencé à s'organiser avant le tournant de 1970. En effet, la taille des espaces nationaux européens était inférieure à celle de l'espace américain. On pourrait schématiquement avancer que la construction européenne des années 1950 a représenté une sorte de rattrapage des espaces nationaux d'Europe par rapport à la taille de l'espace fédéral américain. De même, la seconde guerre mondiale a illustré des tentatives de constitution d'espaces continentaux sous domination allemande en Europe, et japonaise en Asie. Mais, de manière générale, mis à part les États-Unis, le continental ne s'est développé que dans les dernières années du XXème siècle. En Amérique du Nord, les États-Unis, le Canada, et le Mexique ont créé l'ALENA, zone de libre-échange de marchandises et de capitaux. En Amérique du Sud, est apparu le Mercosur. Les échanges entre le Japon et les pays industrialisés d'Asie ont contribué à faire apparaître une zone économique "Pacifique". La spécificité du niveau d'espace "continental" réside dans le fait qu'il se situe à égale distance entre le national et le mondial, servant ainsi de lieu relais entre les deux précédents. C'est lui qui focalise le plus grand essor du commerce mondial, car c'est principalement entre pays d'une région du monde que s'effectue l'accroissement des échanges mondiaux. Pour cette raison, ce type d'espace est celui qui convient à l'ancrage d'une monnaie forte : Dollar pour l'ALENA, Euro pour l'Union européenne, Yen pour la zone Pacifique.

Le niveau national garde encore de l'importance, car, bien que le rôle de l'État se soit modifié, comme en Europe - dans la zone Euro, par exemple avec la perte du rôle monétaire - il y conserve de nombreuses fonctions, comme la politique budgétaire dans le cas européen. Mais on a vu que la production en se mondialisant s'étant complexifiée, le niveau national y joue toujours un rôle important, qui s'est même parfois renforcé, par exemple dans le cas de mesures législatives pour l'emploi...

Quant à l'espace local-régional, il représente un nouveau lieu où doivent être réglées beaucoup de questions qui ne peuvent plus l'être au niveau national, par exemple une partie importante de la politique d'emploi.

Ainsi, dans la complexité économique croissante, chaque niveau présente une égale importance.

III - UN MODÈLE D'IMPÉRATIF TECHNOLOGIQUE APPLICABLE SUR TROIS NIVEAUX

Nous parvenons maintenant aux propositions de mise en œuvre de l'impératif technologique. On a vu dans les deux premières parties de notre exposé comment il avait fallu partir d'un diagnostic. Insistons sur le fait qu'une analyse différente de l'évolution économique et de la réalité des trente dernières années du XXème siècle aurait conduit à d'autres conclusions. Notre interprétation se résume en une vision qui nous apparaît pertinente de l'évolution économique et de son aboutissement à une "Révolution Technologique Mondialisante". Comme on l'a constaté dans notre seconde étape, aucun des modèles de capitalisme existant au début du XXIème siècle n'apparaît satisfaisant. On a été conduit à conclure qu'un bon modèle doit se donner les moyens d'éliminer d'une part le travail déqualifié sous-rémunéré, et d'autre part le chômage structurel. Comme on a commencé à le suggérer, l'impératif technologique doit être au cœur d'un modèle réunissant une vision prospective des technologies d'avenir, et de bonnes conditions organisationnelles entre acteurs économiques et sociaux.

Énonçons donc une première proposition :

L'IMPÉRATIF TECHNOLOGIQUE DOIT ÊTRE AU CŒUR D'UN MODÈLE RÉUNISSANT UNE VISION PROSPECTIVE DES TECHNOLOGIES D'AVENIR ET DE BONNES CONDITIONS DE CONCERTATION ENTRE ACTEURS ÉCONOMIQUES ET SOCIAUX.

La mondialisation économique, plus complexe, ayant démultiplié les niveaux d'intervention, comment, dans ce nouveau contexte, mettre en œuvre un modèle d'impératif technologique ? Car une action doit être nécessaire sur le maximum de niveaux. D'où, deuxième proposition :

UNE ACTION DESTINÉE À RÉPONDRE AU BESOIN D'IMPÉRATIF TECHNOLOGIQUE, DOIT S'EFFECTUER SUR UN MAXIMUM DE NIVEAUX DE LA COMPLEXITÉ ÉCONOMIQUE MONDIALE.

Mais le niveau mondial tel qu'il a été défini ne peut être pris en compte ici. On imagine mal en effet en début de XXIème siècle la possibilité de définir une politique technologique à l'échelle de la planète. Cela dit, dans le cadre de nouvelles formes organisationnelles mondiales, on peut déjà concevoir des types de politiques globales : celles qui concernent les technologies de préservation de l'environnement, celles qui organiseraient des transferts de technologie vers les pays pauvres.

Il faut savoir que le contexte de début de XXIème siècle est celui d'un fort déficit organisationnel mondial, qui doit être rappelé.

DÉFICIT ORGANISATIONNEL AU NIVEAU MONDIAL

Le niveau mondial souffre d'un déficit organisationnel et il n'existe pas encore, face aux acteurs privés que sont les firmes et banques multinationales, d'instances collectives aptes à organiser l'espace mondial. L'Organisation Mondiale du Commerce (OMC) tente bien de définir quelques règles d'inspiration libérale relatives au commerce mondial, mais elle n'a évidemment pas vocation à organiser l'économie mondiale. L'échec de la conférence de Cancun, fin 2003 est significatif d'un manque d'efficacité.

Le programme à accomplir au XXIème siècle est vaste, mais pour remettre un peu d'ordre dans le chaos mondial, une nouvelle organisation doit être imaginée dans le cadre de l'ONU, comportant une instance qui la légitime et la contrôle. L'existence d'un Conseil de Sécurité politique et économique, et celle d'un Parlement Mondial, élu au suffrage universel - apportant une légitimité au Conseil - ne seraient pas superflues. Cette dernière instance n'aurait pas vocation à remplacer l'actuelle Assemblée des Nations Unies, les deux organismes pouvant fonctionner dans un système bicaméraliste.

Le Conseil de Sécurité politique et économique pourrait d'abord s'occuper des problèmes de préservation de l'environnement, en vue de l'application du protocole de Kyoto. Ensuite, le double Conseil de Sécurité pourrait agir sur la conjoncture mondiale par des mesures de politique économique globales. Il s'occuperait ainsi des risques de chômage conjoncturel par une impulsion donnée au niveau mondial. C'est à ce niveau que la pensée keynésienne pourrait retrouver un champ d'application. Lors de la conférence de l'OMC de Seattle, fin 1999, une absence de politique économique mondiale intervenant sur la conjoncture mondiale avait été déplorée. Une politique d'une telle nature pourrait s'effectuer dans le domaine du crédit, non pas en installant immédiatement une banque centrale mondiale car les conditions ne sont pas mûres, mais le Grand Conseil de l'ONU pourrait avoir pour mission de coordonner les politiques économiques des trois grandes zones monétaires. De là viendrait une impulsion mondiale cohérente plus efficace.

Concernant le monde pauvre qui n'appartient pas à la "Triade" et qui ne possède pas les moyens d'accéder aux technologies de pointe, on sait que dans ces pays, l'écart des revenus risque de s'accroître de plus en plus avec ceux des pays riches.

D'où une nécessité d'intervention car si la mondialisation pousse partout encore plus à l'accroissement des inégalités, on se souvient que la tendance à l'installation de hiérarchies avait trouvé son origine dès la naissance de l'espèce humaine. Elle n'est cependant pas une fatalité.

Enfin, le Double Conseil pourrait mettre en œuvre d'autres programmes technologiques qui intéressent globalement l'avenir de

l'humanité, par exemple répondre aux besoins médicaux lors de grandes épidémies...
Ainsi, au niveau mondial, de nouvelles institutions et de nouveaux pouvoirs devront apparaître. Et certaines ONG pourraient préfigurer les partis politiques d'une Assemblée représentative des peuples.

Mais rien n'empêche que l'impératif technologique soit réalisé sur les trois autres niveaux de la complexité mondiale : continental, national, et local-régional
Puisqu'on a choisi depuis le début de notre propos de nous situer dans une perspective d'action sur le contexte français, on commencera - pour des raisons d'efficacité de la démarche - par aborder le niveau national. Toujours dans notre logique d'action, on se déplacera ensuite au niveau local-régional, pour terminer au niveau continental européen.
Dans le cas français, on doit d'abord concevoir un modèle au niveau national, qui détaille la mise en œuvre énoncée précédemment de mesures prospectives et organisationnelles.
Au niveau local-régional, celui des régions françaises, la même démarche doit être effectuée, favorisant une dynamique technologique concertée, complétée par une stratégie cohérente d'emploi.
Enfin, l'impératif technologique doit être appliqué au niveau continental. Dans le cas européen, une coopération entre nations et régions doit se réaliser, dans les mêmes conditions qu'aux autres niveaux.

1 - AU NIVEAU NATIONAL : CONDITIONS DE MISE EN ŒUVRE D'UN MODÈLE D'IMPÉRATIF TECHNOLOGIQUE

Le modèle devrait fonctionner en deux grandes étapes : une étape de prospective nationale réalisée par une instance appropriée, qui proposerait un bilan prospectif et une étape de concertation avec les grands acteurs nationaux, économiques et sociaux, - dans le cadre de la même instance, ou d'une autre instance - où s'élaboreraient des actions allant d'opportunités d'innovations à de grands projets.

A - UNE ÉTAPE PROSPECTIVE NATIONALE RÉALISÉE PAR UNE INSTANCE APPROPRIÉE

En premier lieu, le nouveau modèle doit développer une vision prospective. La priorité aux stratégies technologiques nécessite d'abord un suivi permanent de ce qui se passe au niveau mondial. L'objectif consistera à établir une vision la plus large possible du futur technologique mondial, par exemple à des horizons de cinq, dix, ou vingt ans. Une instance appropriée se chargerait de disposer d'un ensemble complet d'informations : large prospective scientifique et technologique, positions prises par les autres pôles mondiaux dans les domaines recensés, prospective des besoins mondiaux, prévisions des restructurations sectorielles à venir. Notons que cette instance est absente, et que pour qu'elle existe, il suffirait par exemple de modifier les objectifs de l'actuel Commissariat au Plan, devenu depuis de nombreuses années une coquille vide et inutile. Transformé en Commissariat à la Prospective Scientifique et Technologique, cet organisme retrouverait un rôle adapté aux besoins d'un pays industriel du XXIème siècle. En attendant une décision de ce type improbable à court terme, une action de dynamique alternative doit permettre de remplacer de manière la plus complète possible l'instance appropriée inexistante.

Large prospective scientifique et technologique dans les principaux secteurs.

Une vaste prospective scientifique et technologique dans les principaux secteurs ne doit pas se limiter au recensement d'une liste d'innovations possibles dans chaque secteur. Elle doit comporter une réflexion sur les opportunités de valorisation de ces innovations en "grappes technologiques". Également sur les opportunités de valorisations transversales, en combinaison avec d'autres secteurs. Enfin sur des esquisses d'élaborations de grands projets.

D'abord, des informations doivent permettre des prévisions d'essor de technologies - et de services - d'avenir, à court, moyen, et long terme. Un grand éventail de technologies du futur regroupées par domaines, devra être recensé. On peut citer par exemple au moins sept directions possibles : technologies de l'information, industries de l'imaginaire, biotechnologies et nanotechnologies, nouveaux matériaux, nouvelles énergies, nouvelles formes de transports, technologies de préservation de l'environnement.

Mais le travail ne doit pas se limiter à un recensement des opportunités d'innovations dans ces grandes directions d'avenir. On sait que l'intérêt du développement d'une science et de ses applications technologiques réside dans le vaste éventail des applications qu'elle permet de réaliser. On appelle cet ensemble de réalisations une "grappe technologique".

Une deuxième démarche consiste à évaluer les possibilités de combinaisons transversales avec d'autres secteurs.

Enfin, dans une perspective encore plus ambitieuse, il faut se fixer comme objectifs la conception de "grands projets" capables de fédérer des ensembles de technologies.

Positions des trois pôles de la Triade par rapport à ces directions technologiques et leurs possibles prolongements. Amérique du Nord, Europe, Asie industrialisée.

Des informations relatives à l'état d'avancement des stratégies technologiques dans les domaines d'avenir telles qu'elles sont suivies en Amérique du Nord, en Asie industrialisée, et dans les autres pays d'Europe, permettraient de mieux évaluer la situation nationale, par exemple d'estimer des retards à rattraper, des avances à préserver etc..

Prospective des besoins mondiaux.

La prospective technologique pourrait être complétée par une large série d'estimations des besoins mondiaux, par secteurs, voire par produits pour les mêmes horizons de temps.

Prospective des restructurations sectorielles.

Une information complémentaire de même nature, à des horizons différents, par exemple de cinq, dix, ou vingt ans sera effectuée concernant les secteurs qui risquent d'être détruits par les technologies d'avenir. Elle fournira les moyens d'éviter de graves erreurs comme celles commises en France pendant les années 1970-1980 dans les secteurs du textile ou de la sidérurgie.

Bilan du travail prospectif.

Les conclusions de cette première série d'études devraient aboutir à une synthèse-bilan proposant une liste d'objectifs considérés comme indispensables à la mise en œuvre de l'impératif technologique. Bien entendu, il est évident que même si toutes les recommandations proposées étaient adoptées dans la phase suivante de concertation économique et sociale, la totalité des objectifs poursuivis ne serait pas atteinte automatiquement. Les paris sur l'avenir ne sont pas tous gagnés. Il suffit seulement de réaliser ceux qui sont entrés dans les champs du possible.

B - ÉTAPE DE CONCERTATION AVEC LES GRANDS ACTEURS NATIONAUX

L'étape prospective étant réalisée, c'est dans le cadre d'une autre instance appropriée que devrait s'effectuer une diffusion vers les grands acteurs économiques et sociaux, de la synthèse bilan effectuée à l'issue de la première étape. Cette autre étape déboucherait sur la prise de conscience collective d'opportunités d'innovations, sur la possibilité de développer des grappes technologiques, sur la conception de réalisations transversales entre secteurs, sur la programmation de grands projets, et sur la décision de rendre cohérents entre eux les systèmes éducatifs, de recherche, et d'innovation.

Diffusion vers les grands acteurs économiques et sociaux.

Une instance appropriée sera chargée de diffuser vers les principaux acteurs économiques et sociaux, - responsables politiques, économiques, dirigeants des grandes firmes et des PME, syndicats, associations de chômeurs, de RMI-

RMA, universitaires, chercheurs, etc. - le contenu des priorités technologiques proposées dans la synthèse bilan de l'étape précédente. Le lieu choisi pourrait être le même que précédemment - on a évoqué la création d'un Commissariat à la Prospective Scientifique et Technologique - ou un autre. Par exemple, ce nouveau rôle pourrait être attribué à l'actuel Conseil Économique et Social. Une fois encore, sachant que cette éventualité est improbable au cours des premières années du XXIème siècle, il importe qu'une dynamique alternative se développe pour pallier à ce manque.

Dans ce cadre, après une prise de connaissance des informations contenues dans le bilan prospectif, il est nécessaire que s'établisse une concertation entre tous les acteurs économiques et sociaux. Une série d'objectifs technologiques communs pourra ainsi être dégagée.

Comment se décideraient des objectifs technologiques communs ?

Acceptation concertée d'opportunités d'innovations, de stratégies de grappes technologiques, de stratégies transversales, de grands projets.

Cette étape aura pour but d'établir la plus large gamme possible d'innovations. Une acceptation concertée entre acteurs économiques et sociaux de tout ou partie de l'éventail prospectif déboucherait sur de nombreuses possibilités d'innovations. De même, des stratégies de grappes technologiques, des possibilités de coopérations intersectorielles, des conceptions de grands projets pourraient prolonger les simples opportunités d'innovations. Ainsi, de l'opportunité d'innovation, à la grappe technologique, puis à la réalisation intersectorielle, seraient franchis chaque fois des degrés supplémentaires dans la construction d'une architecture complexe. Le degré le plus élaboré serait celui des grands projets fédérant le plus grand nombre de technologies et d'acteurs économiques. Un exemple de grand projet passé est celui du TGV français, réalisé dans les années 1970 entre quelques acteurs - État, la SNCF et Alsthom.

Remarquons que l'on fait ici l'hypothèse que dans le cadre de l'instance appropriée, la diffusion d'un bilan de prospective technologique, la détermination d'opportunités d'innovations, la conception de stratégies de "grappes", de projets transversaux, de grands projets fédérateurs, seraient génératrices d'interactions entre grands acteurs économiques et sociaux suffisamment positives et stimulantes pour remporter l'adhésion de la majorité d'entre eux.

Rappelons que l'ensemble de cette démarche devra - comme on l'a annoncé et comme on le constatera dans la suite - être réexaminée et réappropriée au niveau local régional, ainsi qu'au niveau continental.

Action cohérente sur les systèmes éducatifs, de recherche, et d'innovation nationaux.

A partir de ces objectifs - du recensement de simples opportunités d'innovations à la conception de grands projets - une action cohérente sur les systèmes éducatifs, de recherche, et d'innovation nationaux, devra être entreprise. Les ministères de l'Éducation Nationale, de la Recherche, de l'Industrie, pourront compléter les acquis de l'étape précédente en tenant compte dans leurs objectifs des grandes options décidées par les acteurs nationaux. Ainsi, ce cadre général nécessiterait un triple prolongement, constitué par une mise en cohérence du système éducatif, du système de recherche, et du système d'innovations.

Un système éducatif au service des technologies d'avenir doit privilégier l'intelligence et le désir de découverte, et non le rabâchage détaillé de théories dépassées. L'école primaire doit être le lieu où l'on apprend à lire, écrire, compter, et où l'on commence à apprendre à poser des questions. L'enseignement secondaire doit permettre d'acquérir de manière critique les connaissances de bases de chaque discipline. L'enseignement supérieur doit donner l'envie de dépasser les théories existantes. En sciences sociales, il faut renverser la priorité donnée à l'apprentissage de pratiques tournées vers la rentabilité à court terme et le morcellement des matières enseignées, - par exemple l'accent mis sur certaines techniques de gestion de l'entreprise telles que l'effort pour vendre, etc.- qui a pour résultat de rétrécir le champ de pensée des étudiants, au détriment d'une réflexion plus profonde indispensable à la compréhension d'ensemble du monde du XXIème siècle.

Un système de recherche approprié doit prolonger les habitudes de créativité et de besoin de découvertes prises dans l'enseignement supérieur. Les activités de recherche fondamentale et de recherche appliquée sont complémentaires. La recherche fondamentale permet d'effectuer des découvertes théoriques et la recherche appliquée permet d'utiliser les découvertes fondamentales, quand c'est possible, pour répondre à des besoins déjà définis. La recherche fondamentale, qui a pour objet le dépassement des théories existantes dans le domaine de la compréhension de l'Univers, de la Vie, et des sociétés, ne doit jamais obéir à des besoins de rentabilité immédiate. Car cette pratique aboutit à supprimer la liberté nécessaire aux découvertes théoriques - qui sont les plus importantes pour l'avenir d'une société.

Quant au système d'innovation approprié, on pense qu'il pourra commencer à s'élaborer à partir de la concertation entre grands acteurs économiques et sociaux nationaux d'une part, et responsables des systèmes éducatifs et de recherche, d'autre part.

PART DES DÉPENSES DE RECHERCHE DANS LA PRODUCTION

Pendant les années 1990, la part des dépenses de Recherche et Développement rapportée au PIB de l'Union Européenne a été en moyenne inférieure à 2 %, alors qu'aux États-Unis elle a été de 2,5 %, et au Japon proche de 3 %. Au début des années 2000, la situation est inchangée, avec un effort américain faisant passer sa proportion à 2,8 % du PIB, une stagnation européenne à 1,8 %, et un niveau de 3 % pour le Japon.

Quant au poids des dépenses de Recherche et Développement des entreprises privées dans les secteurs des nouvelles technologies, il est à 95 % américain dans les biotechnologies, à 80 % américain dans les semi-conducteurs, à 55 % américain et 40 % japonais dans l'informatique hardware, et à 90 % américain dans l'informatique software. Il n'y a que dans les entreprises européennes concernées par des grands programmes - aéronautique et télécommunications - que les poids américain et européen sont comparables.

Un système d'innovations efficace est composé des éléments qui ont été définis plus haut - prospective, concertation sociale sur des projets -, auxquels on doit ajouter de bonnes conditions de financement, fiscales, administratives, favorisant, au lieu de les freiner, les possibilités d'innovations.

D'où, troisième proposition :

UN ENVIRONNEMENT PROPICE À LA MISE EN ŒUVRE D'UN IMPÉRATIF TECHNOLOGIQUE EST CELUI D'UN SYSTÈME ÉDUCATIF, D'UN SYSTÈME DE RECHERCHE, ET D'UN SYSTÈME D'INNOVATION, COHÉRENTS AVEC L'OBJECTIF FIXÉ.

A la suite de ces étapes, de prospective et de concertation entre grands acteurs économiques et sociaux, on peut considérer que la partie de la mise en œuvre d'un impératif technologique relative au niveau national aura été effectuée.

2 - LOCAL-RÉGIONAL : MISE EN ŒUVRE D'UNE DYNAMIQUE TECHNOLOGIQUE. UNE STRATÉGIE COHÉRENTE D'EMPLOI

Le second niveau d'intervention est celui du local régional Une première étape d'appropriation régionale de l'impératif national doit être effectuée. Puis, comme au niveau national, une dynamique technologique régionale sera mise en œuvre. Enfin une stratégie d'emploi cohérente avec la dynamique technologique sera développée.

A - UNE ÉTAPE D'APPROPRIATION RÉGIONALE DE L'IMPÉRATIF NATIONAL

Pour qu'un impératif technologique soit mis en œuvre à un niveau régional de telle manière qu'il y ait cohérence avec la démarche déjà effectuée au niveau national, une étape d'appropriation de la dynamique nationale est nécessaire. Auparavant le problème de la taille critique d'une région doit être soulevé. Puis, dans le cadre par exemple de l'instance appropriée précédente, une diffusion du bilan synthèse des directions technologiques précédemment établi doit être faite auprès des responsables économiques régionaux. Ces acteurs pourront ainsi se réapproprier - de manière également concertée - le travail de concertation entre acteurs économiques et sociaux déjà réalisée au sein de l'instance nationale.

Taille critique d'une région.

Constatons d'abord l'importance prise pas les espaces de taille locale-régionale pendant les dernières années du XXème siècle. On a assisté en même temps à une accentuation de la décentralisation régionale dans les grands pays industrialisés, et à la naissance d'une multiplicité de petits États en Europe et ailleurs, par exemple les Républiques Tchèque et Slovaque, la Slovénie, la Croatie, etc. On peut ainsi mettre sur le même plan un "land" allemand et de petits états européens comme la Slovénie, car leur espace économique est de même taille.

Dans le cas français, le problème est posé de la taille d'un espace local-régional, car certaines régions sont économiquement trop étroites. Il a été question d'en ramener la somme de vingt-deux à huit. Dans cette perspective, il ne faut pas raisonner en termes de surface. La surface d'une ville peut être suffisante pour posséder une taille régionale. L'exemple de Singapour - ville-État - le montre : c'est l'intensité de l'activité locale et non la taille de l'espace géographique qu'il faut prendre en compte.

EN FRANCE, À PREMIÈRE VUE, ON POURRAIT UTILISER LE CADRE CONSTITUÉ PAR LES HUIT RÉGIONS QUI SERVENT DE CIRCONSCRIPTIONS ÉLECTORALES LORS DES ÉLECTIONS AU PARLEMENT EUROPÉEN. IL S'AGIT DES RÉGIONS SUIVANTES : ÎLE DE FRANCE, NORD-OUEST, OUEST, EST, MASSIF CENTRAL-CENTRE, SUD-EST, SUD-OUEST, OUTRE-MER.

Diffusion du bilan-synthèse et appropriation concertée par les responsables régionaux.

Si l'instance appropriée nationale est la même que précédemment, il sera nécessaire de diffuser d'abord auprès des responsables économiques régionaux le bilan synthèse des directions technologiques précédemment établi.
Une fois ce travail accompli, les acteurs régionaux pourront réutiliser ensemble, pour chacune de leur région, le travail de concertation entre acteurs économiques et sociaux déjà réalisée au sein de l'instance nationale.

B - UNE ÉTAPE DE DYNAMIQUE TECHNOLOGIQUE RÉGIONALE

On procèdera, à ce niveau, de la même façon qu'au niveau national. La différence consistera dans le fait que les responsables régionaux disposent déjà d'un premier choix réalisé au cours de l'étape précédente. Le travail de prospective local sera donc complémentaire du précédent.
L'étape de concertation avec les acteurs économiques et sociaux locaux se déroulera dans des conditions analogues à celles du niveau national. Enfin une dernière étape permettra de vérifier qu'aucune incohérence ne se manifeste dans l'ensemble du processus régional.

Une étape de prospective technologique complémentaire, adaptée à la région.

On prévoit une étape prospective technologique régionale, réalisée par une instance locale appropriée, qui effectuera une évaluation du potentiel technologique régional, des situations proches constatées dans les trois pôles de la

"Triade", des besoins mondiaux qui pourraient correspondre au potentiel local, et des restructurations à prévoir dans la région.
Ce travail débouchera - comme au niveau national - sur un bilan-synthèse constitué d'une liste de possibilités. Comme au niveau national, si l'instance et la démarche appropriées n'existent pas, un processus de dynamique alternative pourrait en attendant se mettre en place.

Une étape de concertation avec les acteurs économiques régionaux.

Comme au niveau national, les acteurs économiques et sociaux seront, en plus des représentants de la région élus ou nommés, les dirigeants des firmes multinationales présentes localement, les responsables de PME, les syndicats, les associations de chômeurs et de RMIstes, les animateurs de quartiers des zones d'exclusions, les universitaires et chercheurs locaux. Une fois réunis, tous ces partenaires décideraient entre eux pour quels enjeux technologiques d'avenir leur région semble le mieux armée. Ils établiraient une palette locale de technologies d'avenir, en fonction d'atouts locaux, mais sans que ce choix ait un caractère figé. Il est évident par exemple, que la région toulousaine ne souhaiterait pas abandonner l'aéronautique et l'espace, mais d'autres options pourraient être prises si certains acteurs se sentent prêts à une expérience particulière qui ne préexiste pas.
Comme au niveau national, pourrait apparaître un éventail d'opportunités d'innovations, de grappes technologiques, puis de combinaisons intersectorielles, enfin de grands projets fédérateurs locaux.

Le résultat de la concertation permettra de proposer de multiples opportunités, servant de modèles aux firmes et autres acteurs économiques locaux. Par exemple, dans une région où il existe déjà un pôle important de firmes dans le secteur des biotechnologies, on peut concevoir une décision mettant encore plus l'accent sur l'essor de ces technologies. Mais l'organisme régional pourrait avoir recensé des domaines d'avenir qui n'ont pas été encore été développés localement, et même conseiller des initiatives dans cette voie. Le développement de petites ou moyennes entreprises est souvent porteur de révolution technologique, comme les exemples américains des firmes de l'électronique l'ont montré. Il est vrai qu'assez vite, elles doivent croître et s'allier à d'autres, ou mourir. Mais la dynamique proposée pourra aussi se traduire par le renforcement de grands groupes industriels, et l'on doit viser les conditions de meilleur accueil possible de ces acteurs. Il ne faut pas oublier que le contexte est celui d'une "Révolution Technologique Mondialisante" et que les grandes multinationales sont les briques de l'architecture de la mondialisation. L'existence d'un cadre prospectif local permettra une plus grande efficacité du partenariat entre grandes entreprises et tissu local de PME.

Enfin, l'ensemble des décisions tendant à mettre en œuvre un impératif technologique local devra être complété par la cohérence d'un système éducatif, d'un système de recherche, et d'un système d'innovation locaux. Par exemple, le financement de cette dynamique locale pourra faire appel à des formes spécifiques, à côté des modes traditionnels : une place importante pourra être tenue par des institutions de capital-risque. Cette modalité a déjà été encouragée par les pouvoirs publics français, mais l'objectif est d'aboutir à un système d'innovations amélioré. Il est encore trop difficile de créer des entreprises dans un pays comme la France. Les institutions de capital-risque pourraient, en cas de défaillance importante du secteur privé, faire appel à des capitaux publics. Il serait souhaitable dans un cadre à mettre en place que les projets bénéficiaires, financent à leur tour le démarrage d'autres tentatives dans de nouvelles directions, sachant évidemment que certains projets n'aboutiraient pas, ce qui correspond à la définition même du capital-risque. Un régime fiscal régional devra également favoriser les expériences locales sachant que la fiscalité doit aider un projet cohérent et ne doit pas être élaborée comme une mesure isolée : dans certaines zones franches actuelles, aucune entreprise ne s'installe car une diminution d'impôt ne suffit pas à offrir des perspectives d'activités.

Ainsi, à partir d'une gamme de projets allant des simples opportunités technologiques à la conception de grands projets locaux, la dynamique impulsée pourra créer de la richesse par le simple jeu des acteurs, donc d'un "marché" complètement organisé. C'est parce que le développement local se sera inscrit dans un cadre prospectif complété par un effort organisationnel, que l'essor technologique pourra être générateur de richesse.

Le but consistera à atteindre la plus grande concertation possible, de manière que la cohésion économique et sociale soit optimale. Comme au niveau national, on peut se demander pourquoi les acteurs régionaux adhéreraient à la concertation d'ensemble proposée. Ici encore, si l'intérêt général et les intérêts particuliers coïncident, on ne voit pas pourquoi la majorité des acteurs refuserait de participer à la dynamique collective de l'ensemble.

Étape de vérification de cohérence des processus régionaux.

Une fois l'ensemble du processus effectué dans chaque région, chacune enverra ses représentants participer à une seconde réunion organisée par l'instance nationale. Mais cette étape ne pourra se dérouler que si les actions régionales ont été bien définies. Là, seront confrontés les choix effectués par chaque région. La raison d'être d'une rencontre de coordination nationale où s'effectuera une synthèse est d'éviter que des incohérences apparaissent, par exemple pléthore de directions identiques et lacunes par rapport à d'importantes potentialités. Cette réunion aurait pour tâche de dégager des compromis entre régions et permettre au niveau central de faire entendre sa voix. État jouerait un rôle d'arbitre et insisterait sur des choix négligés par les régions. Y aurait-il risques de décalage des programmes et projets régionaux face à des grands besoins ou de grands projets nationaux conçus au niveau national et que seul un État peut encore soutenir et financer ? Une cohérence d'ensemble entre national et régional n'est pas inimaginable. Établir des complémentarités par exemple entre des projets nationaux et une décentralisation nécessaire est possible : la fabrication d'outils de recherche très pointus dans le cadre de grands projets, s'effectue généralement au niveau d'une région ; celle-ci a son mot à dire, et on a vu en 1999 une région française s'exprimer fortement au moment du choix de l'implantation d'un synchrotron en France ou en Grande-Bretagne.

C - UNE ÉTAPE DE STRATÉGIE COHÉRENTE D'EMPLOI

C'est au niveau régional qu'une stratégie cohérente visant à parvenir à un nouveau type de plein-emploi pourra être mise en œuvre. On estime d'abord que la dynamique technologique locale portera ses fruits et sera génératrice d'emplois non qualifiés dans les segments très qualifiés qui se développent. Comme cette situation ne sera pas capable d'absorber le chômage structurel engendré par la révolution technologique ininterrompue du XXIème siècle, on propose de créer des emplois de travail non qualifié dans le cadre de "Travaux Complexes". Enfin seront abordés la mise en œuvre et le mode de financement de ce type de remède, qui veut se situer dans la filiation des grands travaux proposés par Malthus et Keynes.

***Emploi de travail non qualifié dans les segments très qualifiés de la dynamique technologique locale*.**

Un des principaux objectifs poursuivis dans la construction d'un modèle original, était celui de l'élimination du chômage structurel et de la pauvreté générés par la "Révolution Technologique Mondialisante". L'existence du premier volet d'action locale, prospective et organisationnelle a pour but de susciter un développement d'innovations technologiques non réalisées jusqu'alors. Celles-ci seront génératrices d'emplois dans des domaines de pointe, donc générateurs de richesse. Mais le problème que pose l'essor de ces secteurs est qu'ils ont peu d'impact sur le chômage structurel, composé on l'a vu de main-d'œuvre peu qualifiée ou non qualifiée. Il convient donc d'imaginer comment l'essor de groupes industriels existant, ou la naissance de nouvelles entreprises, appartenant à des secteurs de pointe, pourrait faire appel aux chômeurs locaux non qualifiés. Disons d'abord qu'une petite partie du chômage déqualifié serait absorbée dans ces secteurs de haute technologie, car il existe toujours des besoins en travail déqualifié dans les entreprises de pointe. Ces besoins sont minimes, mais existent. Il faudra par exemple toujours des gardiens, des aides peu qualifiés dans les laboratoires, des responsables de maintenance, ce qui nous permet d'énoncer une nouvelle proposition, qui découle de la création du cadre de dynamique locale. Quatrième proposition :

L'ESSOR D'ENTREPRISES UTILISANT DES TECHNOLOGIES DE POINTE CONTRIBUERA À EMPLOYER DU TRAVAIL DÉQUALIFIÉ DANS LES SEULS LIEUX OU IL PEUT ENCORE L'ÊTRE EN PAYS INDUSTRIALISÉS, À SAVOIR DES SEGMENTS SITUÉS AU SEIN D'ENSEMBLES TRÈS QUALIFIÉS.

Il est important de bien assimiler cette règle dans les pays industrialisés, car comme on l'a souligné dans notre seconde partie, il y aura à l'avenir de moins en moins de place pour du travail déqualifié[19]. La dynamique locale aboutirait ainsi, grâce au secteur privé, à une première série d'embauches qui diminuerait le niveau du chômage structurel local. Mais il faudrait d'autres résultats pour que le modèle soit convaincant. Remarquons que le niveau local-régional apparaît le plus adéquat dans la lutte contre le chômage, parce que le cadre de la région permet des actions décentralisées mieux adaptées à un problème général.

---

[19] Voir P.-N. Giraud, *L'Inégalité du Monde,* Gallimard, 1996, p 256.

Emploi de travail non qualifié dans le cadre de "Travaux Complexes".

Abordons maintenant l'action principale de lutte contre le chômage structurel. L'objectif consistera à faire en sorte que de nouvelles mesures d'embauches s'insèrent de manière cohérente dans les programmes et projets fédérateurs technologiques locaux. Elles devront participer à la réalisation de l'impératif technologique régional, en mettant en pratique une tradition volontariste de lutte contre le chômage. Désignons ces mesures par l'expression de mise en œuvre de "Travaux Complexes".

Fixons-nous un objectif obéissant à une double contrainte. La première est celle de la tradition des grands travaux évoqués dans une étape précédente de notre démarche à propos de Malthus et Keynes. On se situe ici dans cette filiation de refus du chômage illustrée par ces auteurs, qui avaient préconisé des travaux à financement public pour donner du travail aux chômeurs. Rappelons que Malthus avait proposé de mettre en œuvre ce type de politiques pour employer les chômeurs victimes de la crise des années 1814-1848, et que dans les années 1930, un courant interventionniste britannique avait réactualisé un siècle plus tard cette option de refus du chômage. On se souvient que pour créer du travail, Keynes annonçait qu'il préférait faire creuser des trous, quitte à ce qu'ils soient rebouchés ensuite. Ces types de politiques qui furent mises en pratique aux États-Unis dans le cadre du "New Deal", caractérisées par des constructions de barrages ou des programmes culturels, se sont inscrits dans la même perspective. Mais il n'est plus pertinent d'utiliser ce genre de remèdes en pays industrialisé au XXIème siècle. D'une part, parce que ces actions découlent, comme on l'a dit précédemment, d'une analyse des crises en termes de surproduction - ou sous-consommation. Dans cette optique, la mise en œuvre de travaux qui emploient beaucoup de main-d'œuvre permet un accroissement des revenus, et par suite, de la consommation. Même si cette explication des crises n'est pas satisfaisante, les actions qui en découlent avaient dans le passé un certain effet. Mais si on pouvait effectuer ce type d'analyse à l'époque de l'État-Nation, ce n'est plus le cas à l'ère de la mondialisation. Si l'on tente d'appliquer les recettes de Malthus, de Keynes, ou des économistes du New Deal rappelées plus haut, au contexte des années 1970-2000, on aboutit à un échec. Car l'objectif d'un accroissement de revenus et de dépenses générateurs d'un surcroît d'activités consiste à stimuler l'activité économique pour tenter de résorber le chômage. Or, dans le contexte du tournant du siècle, où une libre circulation des marchandises est devenue la règle, l'effet obtenu consiste souvent à accroître le niveau des importations sans engendrer d'excédent d'exportations. Ce type de phénomène s'était produit on s'en souvient en 1974 et 1982 en France suite à des relances keynésiennes de la consommation. On risque alors d'aboutir à une relance de l'activité en grande partie étrangère qui ne contribuera pas à résorber le chômage local. Il existe encore une autre raison pour laquelle une politique de grands travaux se traduit par un échec. Ce type d'action avait pour but de procurer du travail à une forte quantité de main-d'œuvre peu qualifiée, qui se trouve d'ailleurs en chômage à cause de sa déqualification. Or, depuis les trente dernières années du XXème siècle, la réalisation de grands travaux d'infrastructure, comme par exemple la construction d'autoroutes ou de voies de chemin de fer, est effectuée par des firmes à haute technologie et à faible utilisation de main-d'œuvre. Il est clair que cette politique aboutirait à un impact quasi nul sur un chômage de type déqualifié.

Ainsi, la réalité ayant changé, étant devenue plus complexe, on ne peut plus appliquer des politiques de grands travaux traditionnels en pays industrialisés. L'idée pourrait encore trouver une application dans un pays pauvre ou en début d'industrialisation, mais ce n'est plus possible en France ou en Europe. Néanmoins, bien que ce schéma soit devenu impossible à appliquer, on doit en conserver le principe. Et des moyens volontaristes peuvent être mis en œuvre dans un cadre local régional.

Après avoir posé une condition interventionniste de lutte contre le chômage, posons maintenant une seconde contrainte, celle de la "Révolution Technologique Mondialisante". Par suite, l'idée de "Travaux Complexes" se traduira par une autre proposition qu'il faut énoncer. La cinquième proposition est la suivante :

ON SE FIXE COMME OBJECTIF D'UTILISER PAR FINANCEMENT LOCAL-RÉGIONAL LA TOTALITÉ DES EMPLOIS DE TRAVAIL DÉQUALIFIÉ EN PROVENANCE DU CHÔMAGE STRUCTUREL LOCAL-RÉGIONAL, DE MANIÈRE TELLE QU'ILS SOIENT SUSCEPTIBLES D'ACCROÎTRE LA PRODUCTIVITÉ DES PÔLES DE HAUTE TECHNOLOGIE LOCAUX.

Cet énoncé rappelle que le droit au travail est une donnée fondamentale. Le choix du volontarisme pour lutter contre le chômage en est une conséquence immédiate.

L'option prise ici consiste à se replacer dans ce courant de pensée. Mais comme cette tradition est impossible à appliquer dans son ancienne forme, il convient de l'adapter. D'abord, le lieu d'intervention sera local-régional, pour les raisons citées plus haut, et l'action de type volontariste obéira à la contrainte évidente de trente ans de "Révolution Technologique Mondialisante".

Des grands programmes de lutte contre le chômage doivent être de nature différente, plus "complexes" que ceux du volontarisme préconisé par Malthus, Keynes, ou par les interventionnistes du New Deal américain. On l'a vu à propos de la démultiplication des espaces économiques, le monde résultant de la "Révolution Technologique Mondialisante" est plus complexe qu'auparavant. La notion de grands travaux doit s'affiner pour se transformer en celle de "travaux complexes". Le but est cette fois la création d'une série d'emplois insérés dans un contexte d'innovations technologiques. Et les "travaux complexes" doivent s'insérer dans la "dynamique locale" énoncée auparavant. C'est pour cela qu'"On se fixe comme objectif d'utiliser par financement local régional la totalité des emplois de travail déqualifié en provenance du chômage structurel local régional, de telle manière qu'ils soient susceptibles d'accroître la productivité au sein des pôles de haute technologie locaux". Un cadre ayant été élaboré, celui de choix de technologies et de services d'avenir propres au niveau régional, la voie proposée consiste à élaborer une série de programmes ayant pour objet de transformer le chômage déqualifié en travail qualifié. Dans un nouveau monde économique plus complexe, les travaux de lutte contre le chômage seront d'abord multiples, donc très différents des grands travaux à caractère peu élaboré développés lors des crises précédentes, et d'autre part devront s'insérer dans des segments à travail très qualifié. Il s'agira de créer des emplois de complémentarité dans le contexte d'innovations technologiques. Placés dans le cadre de la dynamique prospective précédente, ces programmes auront pour tâche d'agir sur le chômage que le surcroît d'activités privées déjà réalisé n'aura pas résorbé. La proposition énoncée consiste à créer par financement public des emplois utilisant du travail déqualifié en provenance d'un chômage structurel et susceptibles d'accroître la productivité au sein des pôles de haute technologie locaux.

Mise en œuvre des "Travaux Complexes".

Deux modalités d'applications au moins sont possibles. La première se situera au sein des entreprises existantes. Il s'agira d'une insertion qualifiante, par contrat de formation public dans l'entreprise, se fixant de déboucher à terme sur une embauche. Cette pratique peut être comparée à des programmes qui existent déjà en France, mais qui ne sont jamais conçus dans un contexte régional de dynamique technologique concertée. Pour donner quelques exemples, dans le secteur privé les firmes pourraient accepter des emplois d'insertion, même en surnombre, à condition qu'ils participent à la dynamique d'avenir de l'ensemble de la région. Et si en fin de contrat, des laborantins, des manutentionnaires, et tous types d'emplois peu qualifiés employés dans des lieux de technologies de pointe, demeurent en surnombre, ceux-ci auront acquis une qualification et pourront changer de poste, ou bien trouveront un emploi dans une autre entreprise plus récemment créée dans le secteur.

Une autre modalité de "Travaux Complexes" consisterait en la création de petites entités publiques ou semi-publiques - au cas où des firmes privées participeraient à leur financement -, s'insérant dans la même logique. Ces entreprises auraient également pour tâche de renforcer la productivité des pôles de haute technologie locaux. Par exemple, dans une région ayant choisi une spécialisation dans les multimédias, pourrait se créer une multiplicité d'entreprises de techniciens peu qualifiés dont ont besoin les métiers du spectacle. Soulignons qu'insérés dans un ensemble qualifié de ce type, les techniciens peu qualifiés auraient plus de chances de bénéficier de passerelles qualifiantes que dans un statu quo sans perspectives. En France le déficit en pôles de ce secteur est important. Ces petites entreprises pourraient contribuer à l'essor de régions comme celle de Provence Côte d'Azur où le chômage structurel est élevé et où un dynamisme des industries de l'imaginaire pourrait s'appuyer sur une tradition ancienne - implantation passée des studios de la Victorine à Nice et présence actuelle du Festival de Cannes.

D'une manière générale, les décisions de création de ces petites entités devront résulter de demandes concertées entre tous les acteurs locaux déjà réunis dans le cadre régional de la première étape, celle de la dynamique locale du secteur privé. Si la région a fait le choix des technologies de l'information et de la communication, il faudra susciter un grand nombre de créations de ces unités dans ce secteur, un des secteurs les plus importants de la révolution technologique mondialisante. Précisons que les mesures préconisées ne consistent pas à lutter contre le chômage en renforçant l'attractivité régionale, car développer l'attractivité signifie la plupart du temps attirer des capitaux étrangers, ce qui n'est pas le but principal de la dynamique proposée. Mais si une extension d'activités locales de haute technologie y contribue, il ne faudra pas s'en plaindre. Un autre exemple, celui du pôle aéronautique et spatial toulousain, qui pousse à imaginer, dans une optique de renforcement de sa productivité, le développement d'emplois qualifiants à destination de quartiers défavorisés de la ville. Des jeunes de ces quartiers se sont plaint que le pôle aérospatial ne se préoccupait pas de leur situation. La réponse existe sûrement et se trouve sur place. Dans le cas contraire, la déqualification qui sévit dans ces quartiers ne fera que s'accroître et se transmettre à d'autres générations. Le problème deviendra alors insoluble. On touche ici à ce qu'il faut suggérer le plus fortement possible, dans la constitution d'un modèle de société excluant le dilemme entre appauvrissement simple et assistanat appauvrissant. Des résultats significatifs ouvriraient une voie dans la lutte contre les poches de pauvreté de plus en plus larges qui déshonorent les sociétés industrialisées.

Financement de "Travaux Complexes".

Quant aux modalités de financement des travaux complexes, il faudra disposer d'un financement public résultant de la réorganisation de toutes les aides à l'emploi existantes, sans accroissement de coût global, en réformant par exemple le RMI. On proposera un nouveau type de revenus s'insérant de manière "complexe" dans l'impératif technologique local, un nouveau Revenu Minimum, cohérent avec l'impératif technologique local. Soulignons qu'il s'agirait cette fois d'une insertion réelle, dont le but sera celui d'une dynamique qualifiante, donc permettant d'abandonner le plus rapidement possible une rémunération minima.

De même, une reprise éventuelle de mesures d'emplois jeunes ou de programmes voisins, serait cette fois insérée de manière cohérente dans les objectifs de l'impératif technologique local. Le niveau moyen de la prestation publique versée au salarié des travaux complexes ne devra pas coûter plus cher que le financement du RMI ou d'une allocation de chômage, et la remise à plat de toutes les aides devrait permettre que ce coût ne soit pas plus élevé. Le montant de cette allocation se situerait bien sûr à un niveau inférieur au SMIC, car le coût de cette formule ne devait pas être supérieur au coût actuel de la lutte contre le chômage.

Au total, sont préconisés ici deux modes de lutte contre le chômage structurel. Le premier correspond à la Quatrième Proposition, qui énonce que "du travail déqualifié sera valorisé dans les seuls lieux où il peut encore l'être, à savoir des segments situés au sein d'ensembles très qualifiés", l'entreprise consistant à développer localement ces lieux de haute technologie. Le second - Cinquième Proposition - énonce qu'il faudra "créer, par financement local, tous les emplois utilisant du travail déqualifié, en provenance d'un chômage structurel, susceptibles d'accroître la productivité au sein des pôles de haute technologie locaux". Cette seconde modalité se divise elle-même en deux options : formation dans des entreprises existantes et créations de mini-entreprises à financement régional, le résultat contribuant au renforcement d'une dynamique technologique locale.

Il est certain que ces mesures demanderaient un investissement dans l'adaptation des structures existantes, mais l'expérience vaut la peine d'être tentée. Redynamisation des organismes locaux, organisation de séances de formation des responsables régionaux, formation de formateurs, seraient les premières étapes d'un projet qui doit être entrepris.

Pour résumer notre propos, rappelons que la méthodologie qui a abouti à proposer la mise en place de "travaux complexes" résulte d'une actualisation de la tradition volontariste, appliquée à un nouvel espace pertinent, celui de la région, en tenant compte d'une contrainte de "Révolution Technologique Mondialisante".

3 - IMPÉRATIF TECHNOLOGIQUE AU NIVEAU CONTINENTAL. PROSPECTIVE ET CONCERTATION ENTRE NATIONS ET RÉGIONS EUROPÉENNES

Il serait souhaitable que les mises en œuvre d'un impératif technologique national et d'impératifs régionaux déjà effectués en France, soient complémentaires avec une démarche identique effectuée au niveau continental européen.

Comment concevoir la mise en œuvre d'un impératif technologique au niveau européen ? Des programmes de recherche ont été développés dans le passé, comme Euréka, Esprit, mais avec des résultats limités. Cette dynamique est encore affaiblie en début de XXIème siècle, parce que l'idéologie libérale du statu quo - diffusée principalement mais non respectée par les États-Unis qui mettent en place des programmes de recherche fédéraux - est naïvement appliquée par l'Europe, au détriment de son avenir technologique. Notons à ce propos comme est consternant le constat des attitudes opposées américaine et européenne lorsque l'on examine leur discours et leur pratique. Le discours américain à destination du reste du monde est libéral, mais les actions de l'État fédéral sont puissantes et vigoureuses. Quant au discours européen, il est très volontariste - objectif proclamé à Lisbonne d'être le continent le plus avancé dans la recherche scientifique - mais la réalité est celle de la passivité et du statu quo libéral.

Nous inscrivant à contre-courant de la tendance dominante en Europe, traçons quelques pistes qui pourraient contribuer à la mise en œuvre d'un impératif technologique au niveau européen.

Comme aux précédents niveaux, on conçoit deux grandes étapes, l'une prospective, l'autre de concertation entre grands acteurs économiques et sociaux.

A - ÉTAPE DE PROSPECTIVE EUROPÉENNE

L'étape de prospective, réalisée à Bruxelles, serait de même nature que celles qui se sont effectuées aux niveaux national et régional : une vision d'avenir des grandes directions technologiques mondiales, de l'état des situations dans les deux autres pôles de la "Triade", des besoins mondiaux qui pourraient correspondre au potentiel européen, et des secteurs européens qui devront être restructurés.

Ce travail déboucherait, comme au niveau national, sur un bilan-synthèse de l'état des technologies d'avenir dans le monde.

Dans un premier temps, comme l'instance appropriée ne fonctionne pas, un processus de dynamique alternative entamé en d'autres lieux pourrait tenter d'amorcer le mouvement.

B - ÉTAPE DE CONCERTATION EUROPÉENNE

L'étape de concertation se réaliserait d'abord avec des représentants de responsables nationaux, puis entre représentants des régions européennes.

***Entre nations européennes*.**

Comme au niveau national, les acteurs économiques et sociaux seront, en plus des responsables européens élus ou nommés, les dirigeants des grands groupes industriels européens, les représentants des petites et moyennes entreprises, des syndicats européens, les ministres de l'économie, de l'industrie, de l'éducation, de la recherche...

Comme précédemment, une fois réunis, tous ces partenaires décideraient entre eux pour quels enjeux technologiques d'avenir l'Europe semble le mieux armée. Un éventail d'opportunités d'innovations, de stratégies de grappes technologiques, de stratégies transversales, et surtout de grands projets européens sera proposé. Une pratique antérieure de projets aéronautiques et spatiaux pourra servir de référence. Ces grands projets seront les éléments principaux d'une politique industrielle européenne favorisant des alliances entre groupes européens champions.

Entre régions européennes.

Une conférence des représentants des acteurs économiques et sociaux des régions européennes prendrait connaissance des travaux réalisés lors de la phase entre nations.

Cette instance pourrait évaluer de quelle manière les opportunités allant des simples innovations aux grands projets élaborés au niveau européen pourraient être appropriées, articulées, complétés, prolongés, dans chaque région. Le programme général servirait à l'échelle des régions, de cadre à des initiatives d'innovations et de projets développés entre régions de pays différents.

***Taille critique continentale*.**

Ajoutons qu'un travail de réflexion analogue à celui préconisé plus haut sur la taille critique d'une région, devra être effectué sur la taille critique, au XXIème siècle, d'un ensemble continental. Car si l'on prend en compte la réalité future d'un ensemble continental asiatique comprenant l'Inde et la Chine, on peut être amené à conclure que la taille de l'ensemble économique européen sera insuffisante. Dans cette hypothèse, un élargissement vers le Sud et vers l'Est serait indispensable. Un prolongement prenant en compte les pays du pourtour méditerranéen ainsi que ceux de l'Est européen sera concevable. Les deux étapes de prospective technologique et de concertation se dérouleraient alors dans un cadre beaucoup plus vaste que le précédent.

Ainsi, une complémentarité entre niveau régional, national, et continental, permettra la mise en place d'une architecture complexe d'impératif technologique répondant au défi de la "Révolution Technologique Mondialisante".

EN GUISE DE CONCLUSION : CHOIX SANS HÉSITATION EN FAVEUR D'UN MODÈLE D'IMPÉRATIF TECHNOLOGIQUE

Insistons d'abord sur la démarche qui nous a amenés à proposer la mise en œuvre d'un impératif technologique sur plusieurs niveaux de la mondialisation économique. Nous avons privilégié une analyse cohérente. Cohérence lors de notre première étape, d'une vision globale prenant sa source dans l'évolution économique, puis cohérence du diagnostic explicatif de la mondialisation. Cohérence lors de la seconde étape, entre la vision précédente et l'analyse de l'échec des modèles économiques apparus dans la mondialisation. Enfin, cohérence dans la troisième étape entre les analyses des deux premières parties et les remèdes proposés.

A partir de là, insistons encore sur le fait qu'il est urgent de prendre conscience qu'il n'existe pas d'avenir dans un ancien pays industrialisé hors de la haute technologie et du travail très qualifié. En effet, comment accepter dans un vieux pays industrialisé ayant atteint un niveau de vie moyen acceptable, de choisir d'abandonner celui-ci ? Mais, comment développer des technologies de pointe partout, y compris par exemple dans le monde paysan ? On n'a abordé ici que les secteurs de l'industrie et des services. Dans le secteur agricole, il est possible de développer une agriculture de qualité non concurrençable, et de miser sur une industrie agro-alimentaire compétitive. Dans les secteurs artistiques, de la mode, de la culture, des mesures de protection du type exception culturelle peuvent être nécessaires. Avoir à protéger la production de livres ou films est mauvais signe, parce que cela signifie que dans un pays de vieille tradition culturelle comme la France, on n'a pas trouvé le moyen d'être parmi les meilleurs du secteur. Mais en attendant d'y parvenir, il est souhaitable de se protéger.

Au total, haute technologie dans l'industrie et les services, agriculture de qualité, biens culturels de haut niveau, telle est le programme préconisé. Mettre ses forces dans les domaines où l'on peut être le meilleur n'est pas une situation nouvelle dans les sociétés humaines, particulièrement depuis la Révolution Industrielle. Ce qui l'est au XXIème siècle, c'est la disparition d'un certain nombre d'avantages, de rentes de situations, acquises depuis l'essor industriel européen. La concurrence est générale et surtout, la fréquence d'apparition des innovations est ininterrompue. "Hors de l'impératif technologique, point de salut". Entre le nombre des chômeurs structurels et celui des pauvres, une étude de la fin des années 1990, confirmée en début de XXIème siècle, recensait en France un total de sept millions de personnes. Et le risque est grand que ce chiffre augmente encore car la part de l'emploi peu qualifié est importante dans ce pays. Environ la moitié de la population active percevait au début des années 2000 une rémunération de moins de huit mille francs par mois. Par suite, beaucoup d'emplois sont encore menacés. Ils le sont d'un côté par les conséquences de la "Révolution Technologique Mondialisante" ininterrompue, et de l'autre par les possibilités croissantes de délocalisations vers des pays à bas salaires.

Hors de l'impératif technologique, point de salut, sinon, déclin, décadence économique et appauvrissement.

Face à une préoccupante absence d'analyses et un regrettable immobilisme institutionnel, le présent ouvrage a suggéré des pistes. Il a proposé la mise en place de nouvelles structures et de nouveaux chemins à emprunter pour répondre à d'urgents besoins.

Les choix à effectuer ne devraient pas laisser de place à la moindre hésitation. Ajoutons un dernier mot : au cas où les instances responsables continueraient à ignorer cet impératif, il sera utile de mettre en place, par tous les moyens, des dynamiques alternatives ouvrant la voie à la démarche préconisée ici.

REMERCIEMENTS

Je tiens à remercier Chantal Bonnet, Dominique Mertens et Roland Guillon, qui ont bien voulu me faire part de leurs réactions lors de la préparation de ce texte.

Questions contemporaines à l'Harmattan

A CEUX QUI EN ONT ASSEZ DU DÉCLIN FRANÇAIS
CAUQUIL Xavier
A ceux qui en ont assez d'un déclin ruminé de la France, aux particuliers comme aux responsables politiques ou aux dirigeants d'entreprises, cet ouvrage s'annonce comme un message d'espoir et d'audace. Parce qu'il y a mieux à faire que dissimuler ou geindre, voici quelques pistes à méditer pour demain ensemble mieux façonner la destinée commune du territoire et de ceux qui le peuplent.
(Coll. Questions contemporaines, 13 €, 138 p) *ISBN 2-7475-7174-2*

CE QUE LA RECHERCHE FERA DE NOUS
PIETRASANTA Yves
Préface de Philippe BUSQUIN
C'est à la fois en élu Vert européen au parlement de Bruxelles, en expert scientifique et en militant écologiste de toujours, qu'Yves Piétrasanta apporte par ce livre une contribution capitale à l'actuel débat sur la recherche. Qu'elle soit nationale ou internationale, la recherche influence, détermine notre vie dans son évolution, son devenir. Ses découvertes, les choix politiques qui en découlent, modifient notre santé, notre environnement, notre confort. Doit-on laisser la recherche profiter aux seuls industriels, ou doit-elle obéir à une éthique et être employée au bénéfice du plus grand nombre?
(Coll. Questions contemporaines, 12,50 €, 132 p) *ISBN 2-7475-6796-6*

CONQUÉRIR LES MARCHÉS. Le rôle des états
POMES Eric. Préface de Pascal LOROT
La fin de la guerre froide a provoqué un bouleversement des relations internationales. L'économie est devenue le facteur prépondérant de la puissance des Etats. Ce nouveau rôle de l'économie a conduit les Etats à faire de la conquête de marchés un élément essentiel de leur politique étrangère. Les Etats-Unis ont les premiers adopté des stratégies géoéconomiques en consacrant des moyens et des ressources considérables à cette course aux parts de marché. Les pays européens apparaissent quant à eux en retrait et en retard dans cette quête de la suprématie technologique et économique.
(Coll. Questions contemporaines, 24 €, 278 p) *ISBN 2-7475-6973-X*

MARCHÉ DE DUPES
Analyse anthropologique du néolibéralisme
SAUZET Jean-Paul
Explosion de la violence, impossible éducation, fracture sociale, perte de la crédibilité des grandes institutions sociales, catastrophe écologique, inflation du Droit et de la répression, montée des extrêmes, sectes, terrorisme… Ces phénomènes ne seraient-ils pas autant de symptômes d'une nouvelle forme d'aliénation ? Cette aliénation se développe comme ferment de destruction qui prend les visages de la dépression, de l'addiction et de la violence. Tel saturne dévorant son fils, l'échange marchand non régulé destructure les cultures pour se nourrir de leur cadavre.
(Coll. Questions contemporaines, 15 €, 172 p) *ISBN 2-7475-7139-4*

QUI SONT LES TROTSKYSTES (d'hier à aujourd'hui)
EROUVILLE Daniel
Après le rejet massif de la "Gauche plurielle" en avril 2002, c'est le même rejet massif de l'UMP et du MEDEF en mars 2004. Qu'en pensent les différentes organisations se réclamant du Trotskysme en France, notamment la LCR, LO et le Parti des Travailleurs ? Pourquoi ces différentes organisations ? D'où viennent-elles ? Quelles sont leur Histoire, leurs histoires ? Quelles sont leurs perspectives ? Leurs divergences ? Peut-on parler de "famille trotskyste" ? L'heure n'est-elle pas venue de construire un grand Parti des Travailleurs, section française de la Quatrième Internationale, qui manque dans ce pays ?
(Coll. Questions Contemporaines, 27.00 €, 318 p) *ISBN 2-7475-6617-X*

LE RETOUR DU POLITIQUE. Politique de la finitude
TREFFEL Frédéric
La vie politique en France est marquée par une forme de désarroi. Le vide religieux, idéologique, politique, conjugué aux progrès des sciences et des techniques provoque une forme de "désenchantement de la politique". Nous sommes entrés dans l'ère de la politique comme une technique, au détriment d'une réflexion sur le sens. Si l'on veut redonner du sens à une politique désenchantée, c'est avec l'existence dans sa subjectivité, son affectivité, son intériorité qu'il convient de renouer.
(Coll. Questions contemporaines, 31 €, 390 p) *ISBN 2-7475-7045-2*

UN SOCIOLOGUE DANS LA CITÉ. Chroniques sur le Vif et propos Express
BOLLE DE BAL Marcel
Ce recueil de contributions offre les réflexions d'un citoyen-sociologue sur divers thèmes d'actualité allant des sciences à la philosophie en passant par la politique, l'économie, le travail, les loisirs, les sports et les médias. Ces textes brefs nous montrent que la sociologie peut être accessible et proche des préoccupations de chacun d'entre nous.
(Coll. Questions contemporaines, 21.50 €, 249 p) *ISBN 2-7475-5979-3*

LA DISPARITION DU TRAVAIL MANUEL
Vers une métamorphose de la société
MARIE Gilles
L'évolution observée dans les usines nous permet d'affirmer que le travail manuel cède le pas au machinisme. L'expression généralisée de ce constat pourrait être que le travail manuel est une forme d'occupation provisoire, inventée par l'homme. Nous devons nous attendre à ce que la nature façonnée par lui, le réalise à sa place. Partant de cet axiome, nous affirmons que ce travail est voué à disparaître. Le présent ouvrage fait découvrir le chemin intellectuel qui a développé cette idée.
(Coll. Questions contemporaines, 14,50 €, 164 p) *ISBN 2-7475-6010-4*

QUEL ALTERMONDE ?
LEFEBVRE Jean-Pierre
L'orée du millénaire s'immerge dans le pessimisme et la régression. En dépit de l'essor du mouvement altermondialiste, la leçon essentielle du tragique vingtième siècle n'a pas été tirée : le socialisme étatique est pis que le mal capitaliste. Face au totalitarisme marchand qui oppose tragiquement le Nord et le Sud et détruit la planète, l'autogestion

de l'économie et le dépérissement de l'Etat sont les seules bases envisageables pour un altermonde solidaire et son développement durable.
(Coll. Questions contemporaines, 24.20 €, 281 p) *ISBN 2-7475-6278-6*

ECOLE EN DÉBAT : LE BAROUD D'HONNEUR?
PERUISSET-FACHE Nicole
L'école attire périodiquement à son chevet des experts de tous ordres. Aujourd'hui c'est un débat national qui est convoqué afin d'engager les français à établir un diagnostic partagé. Premier budget de l'Etat en terme de personnel, elle attire tous les regards à l'heure des plans d'ajustement structurel, alors que parallèlement, l'introduction des Nouvelles Technologies de l'Information et de la Communication excite la convoitise de l'industrie privée, américaine notamment. Les enseignants, " l'humain", feront-ils bientôt figure d'archaïsmes ridicules face à la modernité?
(Coll. Questions contemporaines, 12.20 €, 122 p) *ISBN 2-7475-6376-6*

LA DÉSTABILISATION DES ETATS MODERNES
Essai de sociologie politique comparée
TURPIN Pierre
Ce livre n'est pas tout à fait comme les autres. Il mêle sans complexes la science politique et la poésie, le détachement de l'analyste et la passion militante, l'autobiographie et l'histoire. Il est à l'image de son auteur, inclassable et dérangeant. Pierre Turpin était un "révolutionnaire" au sens où il se battait pour changer le monde et inventer ce qu'il appelait "une alternative aux injustices sociales". Ce texte est l'ultime version du travail qu'il comptait présenter, couronnement d'une carrière universitaire consacrée à l'extrême gauche révolutionnaire et en particulier aux trotskistes.
(Coll. Questions Contemporaines, 19.50 €, 218 p) *ISBN 2-7475-5846-0*

QU'EST-CE QUE LE POUVOIR ? Le pouvoir à visage nu
DIANGITUKWA Fweley
Le pouvoir est un problème central et crucial qui concerne chaque individu et qui préoccupe chaque Etat. Mais qu'est-ce que le pouvoir ? Quel est le bon Etat ? Quelles sont les causes profondes des conflits et quels sont les moyens de les résoudre ? C'est à ces questions que s'attache le concept de pouvoir toujours nouveau et jamais maîtrisé dans la recherche sociale. De Sun Tzu aux théoriciens modernes du pouvoir, en passant par Machiavel, Mills, Dahl, Arendt, Crozier, Foucault, Hobbes, Locke, Rousseau, Pareto, etc., cet ouvrage permet de maîtriser les idées fondatrices du pouvoir.
(Coll. Questions Contemporaines, 24 €, 276 p) *ISBN 2-7475-6813-X*

LA RAISON DÉMOCRATIQUE AUJOURD'HUI
Le "Principe de Puissance Un". Débats et combats
BRAIBANT Patrick
Sur le plan de la théorie sociale, l'ouvrage affirme le caractère nativement clivé des sociétés de la modernité, doublement et contradictoirement structurées et mises en mouvement par "l'antinomie de la raison économique et de la raison démocratique", entre logique de polarisation sociale et logique d'abolition de toute domination (ou "Principe de Puissance Un". Sur le plan politique, il développe l'idée que tout projet

en faveur du "pouvoir du peuple" doit se concevoir comme lutte en vue d'un "renversement d'hégémonie" au profit de la raison démocratique.
(Coll. Questions contemporaines, 21 €, 240 p) *ISBN 2-7475-5710-3*

VÉRITÉ DE L'HISTOIRE ET DESTIN DE LA PERSONNE HUMAINE
COLY Abbé Léon
Ce petit essai se veut une brève lecture de l'histoire dans la perspective personnaliste d'Emmanuel Mounier où il est possible de saisir la problématique de l'histoire, plus sensible à la structure dynamique de l'homme qui agit dans l'histoire et qui s'interroge sur la destinée humaine quant à son issue. Si l'histoire comme milieu humain abrite l'expérience existentielle de l'homme, elle constitue, à travers le temps et l'espace, une dimension existentielle de l'homme dans son mouvement d'humanisation et de personnalisation.
(Coll. Questions contemporaines, 39,50 €, 506 p) *ISBN 2-7475-6086-4*

LA CRISE DE LA PSYCHOLOGIE À L'UNIVERSITÉ EN FRANCE
1. Origine et déterminisme
JALLEY Emile
Il existe aujourd'hui un contraste entre la vitalité expansive de la psychologie en dehors de l'université et sa situation critique à l'intérieur de l'université. A propos de cette "crise de la psychologie à l'université", deux ouvrages répondent au même titre mais avec des angles différents. Dans ce premier volume, on s'interroge sur le réseau des toutes premières raisons historiques d'une telle crise dès 1945 puis 1968, jusqu'en 1990.
(Coll. Questions contemporaines, 39 €, 530 p) *ISBN 2-7475-6400-2*

LA CRISE DE LA PSYCHOLOGIE À L'UNIVERSITÉ EN FRANCE
2. Etat des lieux depuis 1990
JALLEY Emile
Il existe aujourd'hui un contraste entre la vitalité expansive de la psychologie en dehors de l'université. La formation universitaire des psychologues fonctionne aujourd'hui dans une institution de structure "dissymétrique", construite au détriment durable de la psychologie clinique, et largement inadaptée aux besoins réels de la demande sociale. Dans ce second volume, on étudie les mécanismes actuels de la crise de la "Psychologie à l'université" depuis les années 1990.
(Coll. Questions contemporaines, 39 €, 514 p) *ISBN 2-7475-6401-0*

L'ENGRENAGE DE LA VIOLENCE
L'escalade vers la violence dans les relations interpersonnelles
BAILLEUX Jean-Marc
Comment les différents dysfonctionnements de la communication sont-ils des précurseurs de l'acte violent, et quel engrenage mène ces dysfonctionnements à la violence ? S'appuyant sur la théorie systémique de la communication, l'ouvrage présente le concept de passage à l'acte comme outil de discrimination entre communication et violence. Il souligne la coresponsabilité des partenaires dans la construction d'une relation, aussi dysfonctionnelle soit-elle. Une étude qui concerne les relations interpersonnelles privées, et les relations entre groupes humains : la géopolitique.
(Coll. Questions contemporaines, 26.50 €, 300 p) *ISBN 2-7475-6195-X*

DIALOGUE AVEC MARC AUGÉ
Autour d'une anthropologie de la mondialisation
BESSIS Raphaël
C'est avant tout à un voyage dans l'œuvre d'un des plus importants anthropologues contemporains que nous convie ce dialogue autour d'une anthropologie de la mondialisation dont le programme pourrait s'énoncer ainsi: "il ne s'agit plus d'ethnographier des sociétés "pures", constituées en totalités closes et autonomes, mais d'étudier le phénomène même de la coexistence entre des mondes différents au sein d'un même espace temps, celui qui nous est contemporain et dont nous sommes à la fois acteurs et spectateurs." (M. Augé)
(Coll. Questions contemporaines, 14 €, 152 p) *ISBN 2-7475-7481-4*

EUTHANASIE, L'ALTERNATIVE JUDICIAIRE
ANTONOWICZ Gilles
Chaque individu est-il oui ou non maître de sa vie et de sa mort, peut-il choisir l'heure et les circonstances de son départ ? La société doit-elle reconnaître ce droit et, dans certaines circonstances limitativement et précisément définies par la loi, prêter assistance à ceux qui en feraient la demande ? Ce livre veut attirer l'attention sur la dangerosité et la perversité de la situation actuelle qui, d'une part, porte atteinte à la liberté individuelle et, d'autre part, génère quotidiennement des euthanasies clandestines.
(Coll. Questions contemporaines, 14 €, 149 p) *ISBN 2-7475-5868-1*

L'ILLUSOIRE PERFECTION DU SOIN. Essai sur un système
VELUT Stéphane
Le terme de "système de soins" est le plus judicieux des termes consacrés par le langage qualifiant le dispositif sanitaire des pays industrialisés. Il n'y a pas de procédés performants à grande échelle sans système. Soigner efficacement n'échappe pas à cette règle. Mais tout système appliqué à l'humain le déshumanise. D'abord parce que systématiser c'est voiler la singularité. Aussi parce que la technique a scindé l'être en entités sur lesquelles l'acteur de santé n'est compétent que ponctuellement. De cette parcellisation résulte une incompétence à saisir l'être.
(Coll. Questions contemporaines, 9.50 €, 53 p) *ISBN 2-7475-6009-0*

LA STRATÉGIE ET SON DOUBLE
Autonomie du sujet et emprise idéologique dans l'entreprise
Coordonné par Eléonore MOUNOUD
L'ensemble des travaux présentés dans cet ouvrage relève d'une réflexion qui cherche à relier la conduite des organisations au quotidien aux projets stratégiques des entreprises. Cet ouvrage présente les travaux effectués à partir de la Journée d'étude sur "les Représentations et le Management stratégique" organisée au C.N.A.M., qui ont permis d'aborder, d'une part la dimension idéologique des représentations du management et, d'autre part, à travers différentes recherches sur la représentation de soi au sein des organisations, la question de la constitution de la subjectivité des individus.
(Coll. Questions contemporaines, 24.00 €, 282 p) *ISBN 2-7475-6678-1*

Achevé d'imprimer par Corlet Numérique - 14110 Condé-sur-Noireau
N° d'Imprimeur : 24752 - Dépôt légal : juin 2005 - *Imprimé en France*